如果地名会说话系列

国是千万家

胡阿祥／著

图书在版编目（CIP）数据

国是千万家 / 胡阿祥著；胡阿祥主编 . -- 南昌：二十一世纪出版社集团，2023.4
（“如果地名会说话”系列）
ISBN 978-7-5568-7222-0

Ⅰ . ①国… Ⅱ . ①胡… Ⅲ . ①地名－中国－通俗读物Ⅳ . ① K92-49

中国版本图书馆 CIP 数据核字 (2023) 第 032749 号

“如果地名会说话”系列
GUO SHI QIANWAN JIA
国是千万家　　胡阿祥 / 著

出 版 人	刘凯军		
项目策划	梅　竹　杨　华	美术编辑	赵　倩
责任编辑	杨　华　梅　竹	插　　画	孙小片
责任营销	周　游		
出版发行	二十一世纪出版社集团（江西省南昌市子安路 75 号 330025）		
网　　址	www.21cccc.com cc21@163.net		
经　　销	全国各地书店		
印　　刷	江西千叶彩印有限公司		
版　　次	2023 年 4 月第 1 版		
印　　次	2023 年 4 月第 1 次印刷		
印　　数	1~8000 册		
开　　本	720mm × 1000mm 1/16		
印　　张	8.75		
字　　数	90 千字		
书　　号	ISBN 978-7-5568-7222-0		
定　　价	38.00 元		

赣版权登字 -04-2023-104

目录

避

开讲啦
地名+姓名=我们的"身份证"

我是胡阿祥，一般我会这样介绍自己："南京大学历史学院教授、六朝博物馆馆长，桐城胡阿祥。"教授是我工作时的身份，馆长是我兼职时的身份，桐城是我的家乡，胡是我的姓，阿祥是我的名。

地有地名，人有姓名，天地万物都有名称。地名仿佛是大地的名片，丰富多彩；姓名伴随着人的一生，事关重大。地名与姓名合二为一便"编制"出我们每个人的"身份证"。

我的身份证上写的有"桐城"和"胡阿祥"。姓"胡"的人多认陈国始君胡公妫满为老祖宗。时至今日，胡姓人口在《百家姓》中排第15位（2021年数据）。"阿祥"这个名，我自认为既是大俗，也是大雅，大俗在乡土气重，大雅在亲切随和。

我的家乡安徽桐城，在文人、学者圈里是一个极富文化意蕴的地名，乃至成了一块“学术文章”的金字招牌。桐城被誉为“文都”，主要是因为桐城派在清朝时期的极大影响力。桐城派早期的重要作家都是安庆府桐城县人，故以地名桐城而命名，随之也有了“天下文章，其出于桐城乎”的说法。这样的一方水土养出的我，本科学习历史，硕士攻读地理，博士研究文学，以写文章为乐趣，以脾气好为朋友们所肯定。

这就是姓名的暗示作用和地名的明示作用！所以我常说：“地名加姓名，就是我们的‘身份证’。”在接下来的15节课中，我将带你们一起去看看我的家乡、你的家乡，为你们的“身份证”正名。

第一单元

我家的地名有故事

第1课 回家：地名『万花筒』

中国地名丰富多彩，精彩无限。你小时候玩过万花筒吗？如果把地名的五个要素，即音、形、义、位、类看作万花筒里的五块彩片，把地名背后的语言、文字、历史、地理、风俗、观念、人物、传说等视为把玩万花筒时的动作，那么中国的地名“万花筒”里呈现出来的图案必定是五彩缤纷、千变万化的！

我家的地名

在第1课中，我先展示一下“我家”的地名。通常，我会结合我的身世和经历这样介绍自己：

我出生在安徽省桐城县（市）城关镇文庙边的光荣街。祖籍宁波柴桥，籍贯上海，老宅在上海市黄浦区瑞金一路39弄4号。祖父迁居上海经商，父亲作为高级技术工人援皖。母亲张氏出身于桐城望族，民国时外公在城关开诊所，在钱庄置田产。

如果再说细些，我家的地名“万花筒”又是这样的：

祖籍：宁波柴桥，今为浙江省宁波市北仑区柴桥街道。

籍贯：上海。我家已经拆迁的老宅原本位于上海

市黄浦区瑞金一路39弄4号。

老家：安徽省桐城。我曾先后住在桐城县城关镇光荣街，桐城市文昌街道北后街、文城东路龙眠春晓。

现在生活的地方，因为工作原因有两处：江苏省南京市栖霞区仙林大道南大和园和江苏省句容市宝华镇新湖仙林翠谷。

你肯定想不到，在我的短短不到100字的自我介绍和150多字的详细叙述中涉及的地名，竟然包括了以下5类：

一、行政区划名称：浙江省、上海市、安徽省、江苏省，宁波市、桐城市、南京市、句容市，北仑区、黄浦区、栖霞区，城关镇、宝华镇，柴桥街道、文昌街道。

二、居民委员会名称：钱庄。

三、街路巷名称：瑞金一路39弄、光荣街、北后街、文城东路、仙林大道。

四、住宅区名称：龙眠春晓、南大和园、新湖仙林翠谷。

五、其他地理实体名称：文庙。

面对这20多个类别丰富的大小地名，你是不是看得头晕眼花？是不是很多都觉得很陌生？这很正常，因为这是我家的地名“万花筒”嘛！

地名的“职称”

从我家的地名来看，地名的行政“职称”有高有低，高到省（直辖市）、市、县（县级市），低到镇、街道、居民委员会。截至2020年底，我国省级行政区包括23个省、5个自治区、4个直

中国历代政区层级

时　期	高层政区	统县政区	县级政区
秦		郡	县、道
汉		郡、王国	县、道、邑、侯国
魏晋南北朝	州	郡、王国	县、侯国
隋、唐前期		府、州（郡）	县
唐后期五代	道（方镇）	府、州	县
辽	道	府、节度州 | 州	县
宋	路	府、州、军、监	县、军、监
金	路	府、州	县
元	省	路 | 府 | 州	县
明	布政使司（省）	府、直隶州 | 州	县
清	省	府、直隶州、直隶厅	县、州、厅
民国初年	省	道	县、设治局

辖市、2个特别行政区；地级行政区包括293个地级市、7个地区、30个自治州、3个盟；县级行政区包括973个市辖区、1312个县、388个县级市、117个自治县、49个旗、3个自治旗、1个特区、1个林区；乡级行政区包括21157个镇、8773个街道、7693个乡、962个民族乡、153个苏木、2个区公所、1个民族苏木。

地名的字面有雅有俗，如栖霞、宝华、文昌、仙林、龙眠春晓都是雅名，柴桥、钱庄、北后街则略显“俗气”。地名的来源取义有直白有难解，如南京、城关、光荣都不难理解，但浙江、句容这类地名如果仅从字面理解，可能就会因望文生义而出现笑话了。地名背后的故事无穷无尽，说也说不完。本节课我先说我的祖籍——宁波。

宁波的前世今生

每次到宁波，我都会与朋友们在三江口品茶赏景，谈文论史。三江口是因甬江、姚江和奉化江在此汇聚而得名，今天宁波的简称“甬”即来自甬江。追根溯源，宁波老城也发端于三江口。

唐开元二十六年（738年），在四明山东麓的今鄞江镇置明州，州名得自四明山。四明山山名则与山中的一处奇景有关。四明山境内有一座大俞顶，长方形崖壁的腰部有四个并列的岩洞，从远处仰望，如同窗框，故被命名为“四窗岩”，日月星光可透过四个石窗照射进洞，四明山因此得名。唐长庆元年（821年），明州迁治至今三江口一带，历经修建，到了唐朝末年，宁波老城基本定型。

南宋绍熙五年（1194年），明州改置为庆元府。改名庆元，和南宋的第四位皇帝赵扩有关。宋宁宗赵扩的父亲宋光宗赵惇患有精神方面的疾病，于是群臣瞒着赵惇，拥立赵扩继位。赵扩诏改年号为庆元，并把他曾经任职的明州升格为庆元府。以年号为府名，这可是非常荣耀的事情。元朝灭南宋后，“庆元”这个名字被沿用下来，只是改府为路。

吴元年（1367年），朱元璋复改庆元路为明州府，因为志在灭亡元朝的朱元璋介意“庆元”二字，于是“复活”了旧称“明州”。没想到的是，明州文人单仲友竟然斗胆上书，指出“明”作为国号，是皇朝至尊的象征，理应避讳，以一府之地而称“明州”太不妥。洪武大帝朱元璋颇为尴尬，在召集文武大臣几番商议后，取义“海定则波宁”的美好愿望，于洪武十四年（1381年）又改为宁波府，沿用至今。

从明州到庆元，回到明州再到宁波，一个看似并不复杂的地名“宁波”，简单说说，就有如此纷繁的演变过程，涉及广泛的有趣故事。这就是地名引人入胜的特别魅力吧！

地名的特别魅力，还会引出地名“文章”。比如“明”为日、月合体，好事的唐朝地方官员与社会贤达就在明州城里修了一个日湖、一个月湖。有意思的是，近些年来，宁波又在开挖明湖，延续着从历史传承下来的城市主题。

阅读链接

魅力宁波

宁波市陆域面积9816平方千米，常住人口约954.4万（2021年底数据），属于典型的江南水乡兼海港城市，是中国大运河南端出海口、“海上丝绸之路”东方始发港。宁波舟山港年货物吞吐量位居全球第一，集装箱吞吐量位居世界第三（2022年数据），是一个集内河港、河口港和海港于一体的多功能、综合性的现代化深水大港。

宁波汤圆是宁波市的一种传统小吃，是当地人春节和元宵节时家中餐桌上的必备美食。历史十分悠久。据传，汤圆起源于宋朝，是兴起于明州（今宁波）的一种创新美食：用黑芝麻、猪油、少许白砂糖做馅，外面用糯米粉包裹后搓成球，煮熟后，吃起来香甜可口。因为这种糯米芝麻球煮在锅里一会儿浮，一会儿沉，所以它最早叫“浮元子”。后来有的地区把“浮元子”改称元宵。在春节的早上，宁波人有合家聚坐共进汤圆的传统习俗。

课堂之外

我家的地名“万花筒”是这样的，你家的地名“万花筒”呢？可以先去问问你的爸爸、妈妈，你爸爸、妈妈的爸爸、妈妈……然后像我一样，向你的老师和同学介绍下你自己吧！

河姆渡遗址及文物

距离宁波市区20千米的河姆渡遗址是中国南方早期新石器时代遗址。河姆渡遗址的发现，为中国史学界和考古界提供了依据，证明了长江流域是中华文明的重要发源地之一。

第2课 逛街：『寻常巷陌，人道寄奴曾住』

我的老家桐城市位于安徽省中部，它西依大别山，东临长江，“抵天柱而枕龙眠，牵大江而引枞川”。难得回老家桐城，我自然要到处逛逛。逛哪儿呢？除了母校桐城中学，我每次还必去一个地方：六尺巷。

各让三尺的六尺巷

六尺巷是一条怎样的巷子呢？这条巷子位于桐城市老城区西后街，巷子长约百米，宽六尺（两米），鹅卵石路面。这条巷子并不像看上去那么普通，因为它的名字背后是德义，是礼让，是包容，是和谐。

清朝康熙年间，正在京师（今北京市）任职的正一品大员、文华殿大学士张英收到一封来自桐城的“告状”家书，原来是家里盖房子时，与邻居吴家发生了地界纠纷。张英看罢，写诗劝道：

一纸书来只为墙，让他三尺又何妨？
长城万里今犹存，不见当年秦始皇。

张英家人接获这封特别的回信后，几番吟诵，深感愧疚，于是主动在争执线上让出三尺，下垒建墙。吴家见此情形，觉得张家虽有权有势，却不仗势欺人，大为感动，也后退三尺建宅置院。这样，在张家与吴家的院墙之间，就空出了一条六尺宽的南北向通道，后得名六尺巷。张英的这首诗，也收获了“最强调解诗”的美誉。

时至今日，桐城还流行着“争一争行不通，让一让六尺巷”的说法。年轻人在狭路窄巷遇见迎面走来的老者，也总是习惯贴墙避让，甚至某些桐城出产的商品都用“让三尺”作为品牌名称。这就是中华传统文化讲究的德义、礼让、包容、和谐的君子美德。

“相如回车为赵国”

类似六尺巷这样地名很写实、典故很有趣的寻常街巷，在我们国家还多着呢！河北省邯郸市的回车巷，大家可能比较陌生，但若提及语文课本里将相和的故事，大家就再熟悉不过了。而回车巷的得名，就与廉颇、蔺相如有关。

战国时期，廉颇是赵国有名的战将，他战功赫赫，被拜为上卿。当时秦国常扰赵国，公元前283年，秦国又遣使者进入赵国，说愿以十五座城池换赵国的和氏璧。蔺相如奉命携和氏璧入秦，后当面揭露秦昭襄王的阴谋，并设妙计让和氏璧完好地回到了赵国。这就是后人传颂的完璧归赵的故事。为此，蔺相如也被拜为上卿，且位居廉颇之上。

廉颇不服，认为自己攻城野战，功劳最大，而蔺相如不过只有口舌之劳，且出身微贱，扬言见面时要给蔺相如难堪。而蔺相如顾全大局，常常谎称生病，不与廉颇同时上朝，对廉颇处处退让。

有一次，蔺相如和廉颇在路上相遇，因道路狭窄无法相向而行，蔺相如便主动退入小巷，请廉颇先行。蔺相如的门客以为他

胆小懦弱。蔺相如却反问他们："廉颇与秦王比，哪个厉害？秦王那么厉害我都不怕，为什么独怕廉颇？当前强秦不敢轻易进犯赵国，是因为赵国有我们两人担重任，'今两虎共斗，其势不俱生'。"

廉颇听闻后很惭愧，明白了蔺相如忍让他的苦心，便脱了上衣，背着荆条，到蔺相如门前请罪。从此，廉颇和蔺相如两人结为生死之交，同心协力，共卫国家。

古诗云："相如回车为赵国，廉颇负荆痛悔过。"相传，回车巷是蔺相如旧日"回车"的故址，明代万历十二年（1584年）曾建碑于此。回车巷位于今邯郸市串城街南段，东西走向，长七十多米，巷子东端还建有回车巷文化广场，店铺林立，商业繁华。

当你驻足于此，眉飞色舞地给外地游客讲述"将相和"的精彩、称道回车巷的美名时，那份"我知你不知"的惬意，一定会让你非常享受吧！

南京的象征——"十佳老地名"

现在，再回到我工作的地方——南京。2004年初，南京曾票选出"十佳老地名"：乌衣巷、朝天宫、桃叶渡、成贤街、龙蟠里、夫子庙、长干里、孝陵卫、莫愁路、虎踞关。南京这"十佳老地名"具有广泛、形象、到位的象征意义。什么是象征意义？举例说说乌衣巷、成贤街这两个老地名吧。

乌衣巷得名于三国时代，当时这里驻扎着身穿黑色军服的吴国军队，所以得名乌衣巷。这个老地名真算不上优美，那它为什么能得到市民与专家的高度认可，位居“十佳老地名”之首呢？因为乌衣巷联系着唐代“诗豪”刘禹锡的《乌衣巷》，所以闻名遐迩。《乌衣巷》又堪称南京历史的画龙点睛之笔。为什么这么说呢？

乌衣巷

［唐］刘禹锡

朱雀桥边野草花，乌衣巷口夕阳斜。

旧时王谢堂前燕，飞入寻常百姓家。

“朱雀桥边野草花”，野草开花，点染出曾经热闹的朱雀桥畔的荒芜；“乌衣巷口夕阳斜”，夕阳斜晖，映衬着过去显赫的乌衣巷里的寂寞；“旧时王谢堂前燕，飞入寻常百姓家”，王家、谢家的高门华堂已经变成寻常百姓人家。这样的人世变迁，不就是古都南京兴衰起伏的形象写照吗？由此，乌衣巷成了历经沧桑的南京城的象征。

再说成贤街。它得名于明朝的国子监。所谓国子监，简单说就是明朝的国家最高学府（太学）。当时的人认为读书人经过国子监的培养，才能成为“贤人”，所以把国子监所在的街道称为“成贤街”，成贤街也就成了人文雅致的南京城的象征。

其他的八个地名，也各有各的象征意义：龙蟠里、虎踞关象

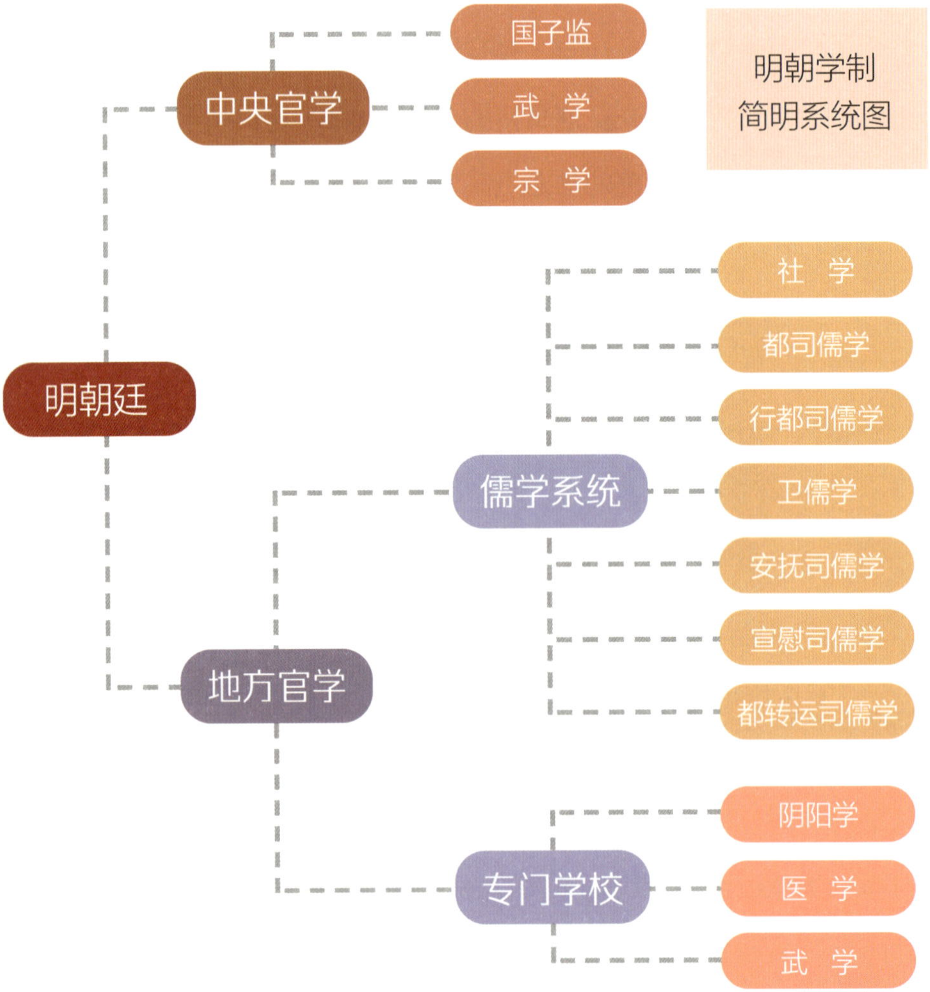

征着南京的地理形胜，南京的别称就叫“龙蟠虎踞”；朝天宫、孝陵卫象征着古都南京的皇家气派，彰显着南京的政治地位；夫子庙象征着南京的市井百态；桃叶渡、长干里、莫愁路象征着南京的城市性格。桃叶渡得名于东晋书法家王献之常在这里迎送小妾桃叶，长干里因为李白的纯情诗句“郎骑竹马来，绕床弄青

梅。同居长干里，两小无嫌猜”而传诵古今，莫愁路则精准反映了屡仆屡起的南京“化愁为不愁”的微妙心态。

这就是南京“十佳老地名”的象征意义，它从历史、地理、政治、文化、社会、性格六个方面，全面解读了南京这座“六朝古都”“十朝都会”。你说奇妙不奇妙？

与我们的日常生活息息相关的寻常街巷，名字往往并不寻常。南宋词人辛弃疾在《永遇乐·京口北固亭怀古》中咏叹：“斜阳草树，寻常巷陌，人道寄奴曾住。”寻常的街巷，因为小名“寄奴”的“南朝第一帝”刘裕曾经住过，就变得不寻常了。如果你知道街巷的名称背后有这么多有趣的故事，走街串巷就成了游学之旅，因为你时刻在发现，在学习，在追溯，在感悟。

课堂之外

没来过南京的刘禹锡和《乌衣巷》

《乌衣巷》是刘禹锡创作的《金陵五题》中的一首。而据刘禹锡在诗前的自述，“余少为江南客，而未游秣陵（南京的别称），尝（常）有遗恨。后为历阳守，跂而望之”，可知他在写《金陵五题》时，还从未来过南京。那么，刘禹锡为何能把朱雀桥、乌衣巷、王谢堂、百姓家写得如此鲜活呢?

第3课 品味：舌尖上的地名

什么是“舌尖上的地名”？我先卖个关子，来说个被改来改去的地名的故事。

云南省有个县级市叫宣威。“宣威”之名始于明洪武年间，为了“宣播朝廷威德”，在此设宣威关；清雍正五年（1727年）设宣威州，1913年废州为县。中华人民共和国成立后，考虑到“宣播朝廷威德”带有部分封建色彩，1954年，地方政府经上级批准将宣威县改名为榕峰县。“榕峰”来源于县内东山最高峰的名称，“榕峰耸翠”更为“宣威八景”之首。然而到了1959年，经上级批准，榕峰县又被改回了宣威县。这是怎么回事呢？你可能想不到，这次改名竟然和一种食物有关。

宣威，因火腿而改名

说起中国传统美食火腿，著名的要数“南腿”金华火腿、“北腿”如皋火腿、“云腿”宣威火腿。其中，宣威火腿曾得到孙文先生“饮和食德”的亲笔题词。“饮和食德”的意思是：饮食让人感觉到自在快乐，享受到先人的德泽。于是，宣威火腿越发脍炙人口，誉满天下，地名“宣威”也随着宣威火腿的畅销而声名远扬。

美味的火腿制作工序十分考究，据说有80多个步骤，以上为简明流程。

然而，1954年，当宣威县改名榕峰县，“宣威火腿”也随之改名“榕峰火腿”后，火腿却突然滞销了。原因其实很简单：榕峰火腿无人知晓，所以卖不出去。这严重影响了当地的经济收入。深思熟虑之下，1959年，榕峰县又被改回宣威县，“榕峰火腿”也恢复了“宣威火腿”的旧名。于是，具备名牌产品效应的“宣威火腿”再次畅销。

这就是“火腿”上的“宣威”，舌尖上的地名！舌尖品的是

阅读链接

“火腿”的得名

火腿是中国人的发明，唐朝《本草拾遗》中最早记载了关于火腿的制作方法。起初不叫火腿，而称之为“火腰”。至今已有一千多年的历史了。民间传说，宋朝抗金名将宗泽进献家乡义乌腌制的猪腿给朝廷。宋高宗赵构赞不绝口，因其肉色鲜红似火，于是赐名“火腿”。而后人为了纪念宗泽，遂把他奉为火腿业的祖师爷。关于火腿得名的另一种说法是：火腿以烟火熏制而成，故名“火腿”。

味道，地名带的是感情，舌尖品味着一方水土的一方美味，地名蕴含了一方美味的一方记忆，而一方水土融合一方美味，再饱含一方记忆，就是舌尖上的万千地名！

舌尖上的乡愁

我出生在安徽桐城，祖籍是浙江宁波。这两地的美食一直镌刻在我味蕾记忆的深处，每每被唤起，都让我感慨万千。

2021年，酷暑时节的某天，正好是我的生日。家人从桐城赶来为我庆生，顺道带来了满满当当的家乡特产：桐城朝笏（hù）、锅巴、炒米、青草麻丰糕，半熟的蒿子粑、火烘肉，保鲜的水芹菜、香干以及地里现摘的黄瓜、辣椒、茄子、豇豆、番茄……品着蕴含六尺巷典故的让三尺酒，尝着老母亲精心烹调的大关水碗，那番乡音、乡味，那份乡情、乡念，让已近花甲之年的我几度泪目。

自从我17岁离家上大学，40余年过去了，清香怡人的桐城小花茶，我日日不离口；可蒸、可煎、可炸、香甜不腻的桐城丰糕，是我冬春时节必定备足的早点；小花茶与丰糕搭配的早餐总会开启我惬意的一天。

让我感觉特别而又似乎顿悟的是，虽然我17岁才第一次踏上祖籍宁波的土地，却自小喜欢奶奶做的宁波美食。宁波特色的汤圆、年糕、油焖笋、四喜烤麸、雪里蕻炒毛豆，我百吃不厌。成

阅读链接

茶叶与地名

俗话说："茶叶喝到老，茶名记不了。"茶叶的名称五花八门，以产地命名是颇为主要的一种方式。黄山毛峰、庐山云雾、信阳毛尖、太平猴魁、六安瓜片、凤凰单丛、祁门红茶、霍山黄芽、福鼎白茶、安化黑茶……地名与茶香可谓彼此浸润，相得益彰。

年以后，宁波的杨梅酒我也是长饮不醉。想来，这就是跳动在我舌尖、流淌在我血脉中的乡愁吧。

舌尖上的味觉，那是愈久愈醇的自然本性；地名的标记，那是与生俱来的人文传统。舌尖与地名的奇妙结合，让舌尖拥有了四海九州，让地名具备了色香味形！

地名与当地特色物产的结合不仅为人们口耳相传，更进一步上升到知识产权层面，受到了法律的保护。现在，一大批各地特产成为国家地理标志保护产品，地名加美味说明其产自特定地域，质量、声誉与该地的自然环境、人文历史有密不可分的关系。

地理标志保护产品名称	地理标志分类	省份（自治区）
安溪铁观音	茶叶类	福建
中宁枸杞	中草药材类	宁夏
金华火腿	食品饮料类	浙江
宣威火腿	食品饮料类	云南
龙井茶	茶叶类	浙江
文山三七	中草药材类	云南
普洱茶	茶叶类	云南
山西老陈醋	食品饮料类	山西
库尔勒香梨	瓜果蔬菜类	新疆
阳澄湖大闸蟹	水产品类	江苏
五常大米	粮食油料类	黑龙江
镇江香醋	食品饮料类	江苏
赣南脐橙	瓜果蔬菜类	江西

八大菜系，食在四方

人们常说的中国“八大菜系”是指咸鲜的鲁菜、麻辣的川菜、鲜香的粤菜与闽菜、清淡的苏菜与浙菜、香辣的湘菜和鲜辣的徽菜。“八大菜系”不仅基本符合我们平常认知的“南甜”“北咸”“东辣”“西酸”的口味特点，而且在炒、烧、煎、炸、煮、蒸、烤、淋等烹饪技法上各擅其长，争奇斗艳。

有人把这“八大菜系”做了拟人化的描绘：鲁菜如同讲究礼仪的士人；川菜、湘菜就像性情直爽、快意恩仇的江湖豪客；粤菜、闽菜宛若儒雅的公子；苏菜、浙菜、徽菜好比温婉素丽的江南美女……当然，这样的描绘可谓仁者见仁，智者见智。

本课说的就是这些奥妙无穷、耐人寻味的“舌尖上的地名”。循着这样的地名追下去，你就会在体味孔夫子“食不厌精，脍不厌细”的生活美学的同时，有着享不尽的口福。

课堂之外

让人自豪的地名

中国的许多城市因为某种资源汇集或某个方面特色鲜明而拥有令人自豪的别称。称“都”者，如钢都鞍山、煤都抚顺、盐都自贡、陶都宜兴等；称“城”者，如花城广州、泉城济南、春城昆明等；称“乡”者，如成语之乡邯郸、武术之乡沧州、水仙花之乡漳州等。

2019 年 10 月 31 日，南京、扬州分别入选联合国教科文组织“创意城市网络”的“世界文学之都”“世界美食之都”。

你还知道哪些称“都”、称“城”、称“乡”的城市别称呢?

第4课 魅力：神州处处有『江南』

多年来，我行走各地。在外国，我是自信的中国人；在北方，我被认为是讲情调的南方人；在南方，我努力做个雅致的江南人。因为差异产生美，差异生发出交流的话题，于是，美美的、说不尽的“江南”，成了我最爱说的话题之一。

塞上江南

说到“江南”，我常引用晚唐诗人韦蟾的《送卢潘尚书之灵武》：

> 贺兰山下果园成，塞北江南旧有名。
> 水木万家朱户暗，弓刀千队铁衣鸣。
> 心源落落堪为将，胆气堂堂合用兵。
> 却使六番诸子弟，马前不信是书生。

这首唐诗不太有名，却很有趣。为何有趣呢？我们通过这首诗可以知道，早在晚唐时期，西北的贺兰山下已被称为“塞北江南”。而再往前追溯，依据北宋乐史的《太平寰宇记》以及曾公亮、丁度的《武经总要》的记载，最晚在6世纪末，以今银川（古称兴州）、吴忠（古称灵州）为中心的银吴平原，随着两三万江南战俘的迁入定居，南方的水田种植与水利灌溉技术被带到这儿，社会风俗也变得“崇礼好学”，从此这里获得了“塞北江南”的美誉。时至今日，这里大漠金沙、黄土丘陵的自然景观与水乡绿稻、林翠花红的人文景观相映成趣，交织出一幅“塞上江南”的五彩画卷。那么，为何这样的经济面貌、社会风俗就被称为“江南”？“江南”究竟是什么样子的呢？

“江南”的模样

506年，建都建康（今江苏省南京市）的梁朝发动北伐，主帅萧宏命令手下丘迟给镇守寿阳（今安徽省寿县）的北魏将军陈伯之写了封信（后称为《与陈伯之书》）。陈伯之原在齐梁改朝换代之际叛逃北魏，但他得信后，竟然率领八千大军，重新回归梁朝。这是一封怎样的书信呢？古往今来，人们都认为《与陈伯之书》中的这几句最为感人：

> 暮春三月，江南草长，杂花生树，群莺乱飞。见故国之旗鼓，感平生于畴日，抚弦登陴，岂不怆悢！
>
> 所以廉公之思赵将，吴子之泣西河，人之情也，将军独无情哉？想早励良规，自求多福。

这段话的意思是：暮春三月的时候，江南绿草如茵，五颜六色的花朵开满树丛，群莺在天上穿梭飞翔。每当您登上城墙，手抚弓弦，远望故国军队的军旗、战鼓，回忆往日在故国的生活时，怎么会不感伤呢？也正因为如此，廉颇才仍然渴望做赵国的将帅，吴起临别西河时才掩泪悲伤。这是人之常情，难道唯独将军没有这种感情吗？切望您早定良策，弃暗投明。

人岂无情？所以，丘迟的一封信招来了陈伯之的八千大军！这既是陈将军故国乡关的情结，也是丘迟文学经典的力量，更是说不清也说得清的“江南”的魅力。

“江南”魅力何在

“江南”魅力何在？在于说不清的意象。比如江南作为地名，在哪里，是什么，可谓言人人殊。

气象学者说江南是梅雨，地理学者说江南是丘陵，语言学者说江南是方言，历史学者说江南是沿革，经济学者说江南是财富，人文学者说江南是文化，诗人说江南是“江南”。

比如梅雨的江南，广及淮河以南、南岭以北、三峡以东。方言的江南，以“吴侬软语”最具代表性。不过这样一来，说着“官话”的南京就不是江南了。但南朝诗人谢朓（tiǎo）在《入朝曲》中却说：“江南佳丽地，金陵帝王州。”习称“金陵”的南京，不仅是江南，还是中国古代江南的重要城市。至于诗人的江南，如杜牧在《寄扬州韩绰判官》中写的“青山隐隐水迢迢，秋尽江南

《乾隆南巡图》

人人都说江南好，就连皇帝也不例外。《乾隆南巡图》就记录了乾隆皇帝第一次到江南巡游的场景，画中的江南一派繁荣景象。

草未凋。二十四桥明月夜，玉人何处教吹箫”，竟然又是“江北”的扬州。直到今天，一江春水、二分明月、三月烟花的江北扬州，仍被视为典型的江南。

“江南”魅力何在？在于说得清的意象。江南可谓“天造一半，人造一半”，是人文色彩浓重的自然，是自然风韵独具的人文。江南是灵动，是创新，是人间天堂。以江南是人间天堂来说，杏花春雨、流水人家、粉墙黛瓦、古镇园林、飘香的稻米、精致的丝绸、缓缓移动的油纸伞、丝竹流畅的音乐、婉约悠扬的民歌、自然淡雅的家居，还有聪颖灵慧的性格，凝聚成“江南”地名的文化意象。江南象征着身体与心灵的诗意栖居，代表着平和、安逸、美好的人间天堂。

这样的文化意象的“江南”，又使本指长江以南，尤其特指长江下游以南的地名“江南”，频频“跳跃”到了远方。比如，甘肃的天水与陇南被称为“陇上江南”，西藏的林芝被称为“西藏江南”，新疆的伊犁被称为“塞外江南”……

如此看来，真可谓神州处处有“江南”！“江南”已经不是指“某江之南”的一个普通地名，它凝聚着中国人对美好生活的无限向往，描画着中国人心中的香格里拉！

香格里拉，心中的日月

1933年，英国作家詹姆斯·希尔顿（James Hilton）出版了他的长篇小说《消失的地平线》（*Lost Horizon*）。在书中，希尔顿描绘了一处与世隔绝、名叫“香格里拉（Shangri-La）”的地方。那里风光秀丽，空气清新，居民品格高尚，健康快乐。1937年，小说被搬上银幕后，又引发了一股寻觅“香格里拉”秘境的热潮。

半个多世纪过去了。2001年12月，中国云南省中甸县更名为

香格里拉县；2014年12月，撤县设市（县级市）。中甸县真是传说中的香格里拉吗？

据考证，希尔顿笔下的香格里拉很可能来源于藏传佛教经典中的“香巴拉（Shambhala）”，藏语意为“心中的日月”。传说这里雪山环绕，天地纯净，宁静祥和，黄金佛塔林立，是一处神秘完美的人间乐土。而迪庆藏族自治州（尤其是中甸县一带）的地理环境、自然景致、民族风情、人文面貌与希尔顿在书中的描绘惊人相似，于是理想中的香格里拉就是现实中的中甸县，也就成了最具优势的说法。

其实，无论江南还是香格里拉，这类地理名称就如同陶渊明笔下的“桃花源”，已经成为世世代代中国人理想家园的代名词。让我们迈开双脚，去欣赏中华大地的处处江南、绿水青山的处处桃花源、理想完美的处处香格里拉，去感触“地名中国”的无限精彩！

课堂之外

桃花源和桃花潭

桃花源本是中国传统村落自然环境与人文面貌的真实写照，许多地方都希望“桃花源”能花落己家，如湖南常德、重庆酉阳、湖北十堰、江苏连云港、安徽黄山、河南南阳、重庆永川……其实，陶渊明在《桃花源记》中所述的桃花源究竟在什么地方，学术界尚有争议。

桃花源不知在何处，桃花潭也不是“潭”。这是不是很有趣？唐代大诗人李白游历桃花潭时，写给当地好友汪伦一首留别诗《赠汪伦》。其中最著名的一句是：“桃花潭水深千尺，不及汪伦送我情。”其实，桃花潭是青弋江上的一处水面，因为此处水面在悬崖陡壁下，不见阳光时，水色较别处的水面更深，又形若水潭，所以被称为桃花潭。那么，你知道桃花潭在哪里吗？

第二单元

万水千山都是情

第5课 看山：天下五岳

说起我国的名山，大概要数“五岳”最负盛名。明代地理学家徐霞客说过“登黄山，天下无山，观止矣”；清代学者桑调元写过一副对联：“六经读罢方持笔；五岳归来不看山。”两相结合下，便有了“五岳归来不看山，黄山归来不看岳”这句俗语。

为什么是“五岳”

天下五岳，为什么是“五岳”而不是“四岳”“六岳”呢？首先，这应该联系着中国人古老的东西南北中的五方观念，比如东西南北“四岳”都在中原王朝的疆域四周，这就有点儿类似界碑的作用了。因为中原王朝的疆域是变迁的，所以五岳的具体所指也有变化。西汉王朝确定的五岳是东岳泰山、南岳霍山、西岳华山、北岳恒山、中岳嵩山。其中南岳霍山又名皖山，即今天的安徽天柱山；而北岳恒山则指河北中部的恒山。隋朝时，改湖南的衡山为南岳。到了明朝，又改山西北部的恒山为北岳。这才形成了今天我们所说的“五岳”。

之所以后人会流传“五岳归来不看山”，是因为五岳各具独特的自然风光与人文魅力，这就是常言所道的泰山天下雄、衡山天下秀、华山天下险、恒山天下幽、嵩山天下峻，也是我特别欣赏的首季《中国地名大会》中“五岳群英传”的解说词。下面，就以这五段解说词为线索，串讲“天下五岳”的地名故事。

泰山称“大哥”

作为大哥，不因身高被仰视。十八盘举目，一生曲曲折折，南天门回首，无非过眼云烟。封禅大典，我给了他们无上的荣耀，但未必改写那些轻如鸿毛的人生……玉皇之顶，五岳独尊。我是泰山，参透这名字的深意，长子的使命就是我的答案。

泰山石敢当习俗

泰山石敢当是远古人们对灵石崇拜的遗俗，其主要表现形式是以小石碑（或小石人）立于桥道要冲或砌于房屋墙壁基座，上刻（或书）“石敢当”“泰山石敢当”之类字样，以禁压不祥。

所谓大哥、长子，就是泰山名字的深意。泰山或名太山，就是大山的意思。泰山也名岱宗，“宗”有诸山所宗之意，所以泰山号称“五岳独尊”。这种“五岳独尊”的崇高地位，又联系着“岱”的得名与“封禅大典”的历史。“岱”指泰山为“告代之山”，“告代”的“代”加上“山”，就是“岱”。

在古代，新王朝取代旧王朝后，皇帝（即天子）需要祭告天父，这叫“告代”。因为需要“告代”，所以天子常会赴泰山祭祀，一些自以为拥有丰功伟绩的天子还会举行封禅大典。“封”即在泰山祭天，“禅”即在泰山下的梁父山祭地。这也反映了中国古代“天—天子—子民”的理念。天子受命于天，所以要祭天；天子离不开子民、土地与粮食，所以要祭地。平常的年份，祭祀天地可以在都城举行，所以古代都城设有天坛、社稷坛。社是土地，稷是粮食。但每当重要的年份，为了表达特别的重视，天子就要到“会当凌绝顶，一览众山小”的泰山举行封禅大典了。

关于泰山，还有个有趣的故事。725年，唐玄宗封禅泰山，任命中书令张说为封禅使。张说乘机把自己的女婿郑镒由九品官升为五品官。唐玄宗发现郑镒官阶升得这么快，便追问他有何功劳。郑镒无言以对，非常尴尬。在场的一位大臣赶紧打圆场说：“此泰山之力也。”从此，人们便把岳父称为“泰山”，泰山顶上的丈人峰也因此得名。

衡山为“小妹”

作为五岳中的小妹，要说名字的来历最有文采的，非小女子莫属：我形似衡器，可称天地，故名衡山。岳麓书院中，爱晚亭下，听着诗词的吟诵声，闻着淡淡的墨香味，让我觉得千年时光也就弹指一挥间，温婉而又充实。

有人会问，衡山在今天的湖南衡阳市，岳麓书院、爱晚亭在长沙市，它们之间相隔甚远，这是怎么回事呢？这涉及衡山的名与实。衡山作为一条山脉，南以衡阳回雁峰为首，北以长沙岳麓山为足。这样的衡山，对应到天文上，好似北斗七星中的天玑星与玉衡星连线；对应到地理上，又好似一件衡器，也就是杆秤，可以称量大地的分量乃至道德的轻重，于是得名衡山。

衡山雄踞南国大地，依傍湘江，较之其他“四岳”，可谓风光秀美，气质温婉，仿佛一位可爱的芳华小妹。

“孤胆剑客”是华山

> 自古华山一条路。我的态度，我的路，从来只有一条。奇石也好，险峰也好，并非特立独行，只是不畏出格。你可以问我的名字，远观如花，花山就是华山。

华就是花，华是古字，花是后来出现的新字，所以“华”“花”两字可以通用。华山的南、东、西三峰相拥而成的山形，恰如一朵凌空怒放的莲花。“花山就是华山”揭开了华山得名的奥秘。北魏郦道元的《水经注》引《山海经》也说：“其高五千仞，削成而四方，远而望之，又若华状。”

“末将”恒山守天关

> 据天险，扼要道，末将在这兵家必争之地，与无数

名将并肩沙场。大将军李牧、飞将军李广、白袍薛仁贵、金枪杨六郎，都以“人天北柱”“绝塞名山”称颂末将战功赫赫，威风堂堂。然而，管子曰：“恒者，天道之有常。”和平与安宁才是末将心中天道的模样。

在历史上，恒山一带时常烽火狼烟。恒山作为一道巨大的屏障，横亘在蒙古高原与中原腹地之间，担负着阻挡游牧民族势力南下中原的重任，这就是它“人天北柱”“绝塞名山”的意义所在。它也因为横亘东西，所以得名恒山。

当然，恒山之名还有一说，恒山位居北方边寒之地，而北方严寒是“天道之有常”的自然规律，故名恒山。

“高僧”嵩山阅沧桑

嵩高维岳，峻极于天。吾乃中岳嵩山。“嵩”字，顾名思义，高大的山。除了山形伟岸，我的武功天下最高——江湖上谁不知“天下武功出少林”？千百年来，我位于五岳中央，俯瞰中原大地风起云涌，历史变迁，有多少帝王在这里流连忘返，有多少古都在这里屹立千年。

东汉学者刘熙在《释名》中说“山大而高曰嵩”。高大的嵩山不仅是自然的高大，更是人文的高大。嵩山自古被尊为“天地之中”，在嵩山周边，有洛阳、开封、郑州等古都，嵩山由此阅尽人世沧桑。在嵩山，有少林寺、道教圣地中岳庙、传播理学的嵩阳书院，释、道、儒三大文化在这里和谐共处。包括了

中岳庙

嵩阳书院

少林寺塔林

少林寺

这三处以及其他多处景点的登封“天地之中”历史建筑群，在2010年被联合国教科文组织列入《世界遗产名录》，成为世界文化遗产。

“大哥”泰山、“小妹”衡山、“剑客”华山、“末将”恒山、“高僧”嵩山，五岳群英，五张面孔，五段传奇！这就是中华名山的魅力，也是中华山名的精彩。如果能感悟这样的魅力与精彩，也就能收获“仁者乐山”的胸怀吧！

课堂之外

山的“姓氏”

因为山的形状千姿百态，所以山的“姓氏”也是五花八门，比如山形高大为岳，石峰高峻为岩。你能依据以下山的形状，知晓它们的“姓氏”吗？请用线将它们连起来。

山边陡立	峰
高起的土坡	崮
山头高而尖	崖
山顶平缓、四周陡峭、山麓平缓	岗

第6课 巡礼：中华名山

中华大地山多，地貌学意义上的山地、丘陵，大约占了我们全部国土面积的三分之二；名山多，比如除了五岳之外，还有拥有“诗山”美誉的庐山，佛教“四大名山”（五台山、普陀山、峨眉山、九华山），道教圣地茅山、武当山，更有《中国国家地理》选出的“中国最美的十大名山”：南迦巴瓦峰、贡嘎山、珠穆朗玛峰、梅里雪山、黄山、稻城三神山、乔戈里峰、冈仁波齐峰、泰山、峨眉山。真是不胜枚举！

由黑变黄的黄山

黄山位于安徽省南部，主峰莲花峰海拔约1865米。黄山原名黟（yī）山，得名于山脚下的黟县。秦朝始置黟县，“黟”这个字许多人不认识，黟县常被人们戏称为“黑多县”。不过“黟”的意思确实与“黑”有关。黟县得名于当地特产黑木、墨石，黟山又因县而名。唐天宝六载（747年），黟山改名为黄山。改名的原因有两种说法，一说是因为山上富产中药材黄连，二说黄帝在此炼丹得道。

黄山风景奇秀。山峰劈地摩天，云凝碧汉，气象万千；青松苍郁枝虬，刚毅挺拔，千姿百态；烟云翻飞缥缈，浩瀚似海，波澜起伏；巧石星罗棋布，

竞相崛起，惟妙惟肖；温泉终年喷涌，无色无臭，可饮可浴。奇松、怪石、云海、温泉，堪称黄山“四绝”，历代名人雅士来此游览、赋诗、作文、绘画，留下名作无数。凡此种种，神奇的自然、璀璨的人文，使得“旅行达人”徐霞客发出了“薄海内外，无如徽之黄山”的感叹，诗人元帅陈毅也推尊黄山为“天下第一山”。

“匡庐奇秀，甲天下山”

“一山飞峙大江边，跃上葱茏四百旋”，北临长江、东濒鄱阳湖的庐山，山光水色俱佳。唐朝诗人白居易称道“匡庐奇秀，甲天下山”。庐山，又名匡山、匡庐。关于这些名字的由来，有两种说法。一说商周之际，匡俗入山修炼，此山为匡俗之庐，故名。二说汉初功臣之子匡俗受封为“越庐君”，兄弟七人入山隐居，以草庐为房舍，故名。到了宋朝，为避宋太祖赵匡胤的名讳，从此主要称为“庐山”。

庐山历史悠久。据传大禹疏通九江，秦始皇帝南巡，都曾登过庐山；至于历代文人墨客接踵前来，赋诗吟词，现在能找到的诗词就有16000多首，庐山因此被誉为“诗山”！在庐山生活惬意悠闲，因濒临鄱阳湖，常见云雾弥漫，庐山出产的茶叶也就得名“云雾茶”。想象一下，在庐山的云遮雾绕中，慢斟细饮着清泉沏泡的云雾茶，那是多么舒心的享受！

历史悠久、生活悠闲的人文庐山，又是雄、奇、险、秀的自然庐山。庐山为地垒式断块山，多见险绝胜景，如仙人洞石松横空，五老峰山姿奇特，龙首崖苍龙昂首，含鄱口势含鄱湖，大天池霞落云飞，白鹿洞四山回合。匡庐瀑布更是名传天下。如三叠泉瀑布，总落差达155米，瀑布分三叠，各异其趣；又如香炉峰瀑布，因为诗仙李白的一首《望庐山瀑布》传诵古今，“飞流直下三千尺，疑是银河落九天”，也只有“谪仙人”李白才有这样想落天外、惊人魂魄的超然比喻吧！

望庐山瀑布

［唐］李白

日照香炉生紫烟，遥看瀑布挂前川。

飞流直下三千尺，疑是银河落九天。

阅读链接

佛教石窟艺术

甘肃敦煌莫高窟、山西大同云冈石窟、河南洛阳龙门石窟和甘肃天水麦积山石窟并称中国佛教四大石窟。莫高窟中绚烂的壁画，云冈石窟、龙门石窟中壮丽的石雕，麦积山石窟中精美的泥塑，都震撼心魄，是中国古代文化艺术的传世瑰宝。

中国佛教“四大名山”

佛教文化是中国传统文化的组成部分之一，佛教“四大名山”即“金五台、银普陀、铜峨眉、铁九华”的说法流传已久。

五台山，位于山西省五台县东北，由东台望海峰、西台挂月峰、南台锦绣峰、北台叶斗峰、中台翠岩峰五座山峰环抱而成。因为五峰高耸，峰顶平坦宽阔，犹如垒土之台，所以称为“五台”。五台之中，北台最高，海拔3058米，素称“华北屋脊”。山中气候、植被垂直分布明显，盛夏凉爽宜人，所以五台山又名

“清凉山”。五台山南禅寺大殿、佛光寺东大殿，是留存至今的唐代木构建筑杰作。明朝重修的藏式舍利塔，巍然屹立，素身金顶，俗称“大白塔”，在青山绿丛之中，显得格外醒目，也被看作五台山的标志。相传，五台山为文殊菩萨的道场。

普陀山，位于浙江省舟山市境内，是舟山群岛中的一座小岛，最高峰佛顶山海拔约290米。“普陀”之名来自梵语“小白华（花）”的音译“普陀洛迦”，相传为观音菩萨的道场，有“海天佛国”之称。

峨眉山，位于四川省峨眉市西南，有“大峨”“二峨”“三峨”之分，通常所说的峨眉山是指大峨，主峰万佛顶海拔3099米。北魏郦道元在《水经注》中引《益州记》：“去成都南千里，然秋日清澄，望见两山相峙，如蛾眉焉。”这是说大峨、二峨两山相对，犹如美女的一对细长弯曲的蛾眉，峨眉山也因此得名。峨眉山景

色秀丽，气象万千，自然人文景致丰富，传为普贤菩萨的道场。

九华山，位于安徽省青阳县西南，有99座峰，以天台、莲华、天柱、十王等九峰最为雄伟，主峰十王峰海拔1342米。李白赋诗赞道："昔在九江上，遥望九华峰。天河挂绿水，秀出九芙蓉。"相传此处为地藏菩萨的道场。

峨眉山得天独厚的自然条件，加上茂盛的植物，为种类众多的野生动物的栖息、繁殖提供了一个优越的生态环境。

“北崇少林，南尊武当”

武当山，位于湖北省丹江口市西南，主峰天柱峰海拔1612米。因为此山传为道教中“玄天真武大帝”弘法的道场，“非玄武不足以当之”，故名“武当”。

武当山道教的鼎盛期是在明朝。明成祖朱棣在此大兴土木，建成了庞大的道教建筑群，史称“北建故宫，南修武当”，又封武当山为“大岳”，位在“五岳”之上。明世宗朱厚熜（zǒng）再加扩建，造就“五里一庵十里宫，丹墙翠瓦望玲珑”的景象，并加封武当山为“治世玄岳”，尊为至高无上的“皇室家庙”。

至于武侠迷们，提及武当山，必定会对武当武术津津乐道。“武当”与“少林”两派在武侠小说中地位相当，“北崇少林，南尊武当”的说法流传至今。这两派也常常联合起来主持武林公道，正气凛然。武当武术具有深厚的中华传统文化底蕴，堪称中国武术的瑰宝。

武当武术

武当武术是中国武术的一大名宗。其作为一种文化，蕴含着深刻的中国传统哲理奥妙，把中国古代太极、阴阳、五行、八卦等哲学理论，用于拳理、拳技、练功原则和技击战略中，其本质上是探讨生命活动的规律。同时，武当武术刚柔相济，动静结合，动若行云流水，给人以美的享受。

课堂之外

悬棺之谜

在道教名山龙虎山、武夷山以及重庆巫山小三峡、长江三峡兵书宝剑峡等地，有许多悬置于高崖陡壁之上、下临深溪、让人感觉特别神秘的棺材。古人是如何把这些棺材运送上去的呢?

第7课 读水：万古江河

说了山，我得接着说水了。“水”可以泛指河流、湖泊、海洋等各种水域。这节课，我先说汉江、长江、黄河、淮河，下节课再说“五湖四海”。

江、河、淮、济(jǐ)为四渎

长江、黄河、淮河和济水在古代合称“四渎”。中国第一部词典《尔雅》写道：“江、河、淮、济为四渎。四渎者，发源注海者也。”这句话的意思是长江、黄河、淮河和济水都是独流入海的大川。而西汉的《礼记》称“天子祭天下名山大川，五岳视三公，四渎视诸侯”，可见，在中国古代，五岳和四渎深受朝廷重视，地位崇高。

你肯定会问，济水在哪里呢？历经地理变迁，济水已基本湮没废弃了，只留下一些相关地名，如济源市、济南市、济宁市。而不在“四渎”之列的汉江则不服气了：没有汉江，哪里来的汉中？没有汉中，哪里来的汉王？没有汉王刘邦，哪里来的汉朝？没有汉朝，又哪里来的汉族、汉字、汉语等称呼？

所以，这起源于汉江的“汉”字，是中国历史最鲜明的记忆，是中华文化最显眼的符号之一。因此，我就从汉江说起吧！

“汉”，盛大的河流

汉江发源于今陕西省汉中市宁强县嶓冢山，经由今武汉市的汉口、汉阳中间汇入长江，全长1500多千米，是长江最长的支流。汉江又称汉水，那么为什么称“汉”呢？

在《尚书·禹贡》中有句话：“嶓冢导漾，东流为汉。”《说文解字》中说：“汉，漾也。”也就是说，“汉”的上源称“漾”，流到汉中一带才称“汉”。发源时的“汉”因为水流弱小，所以拟声为“漾”，微波荡漾的漾；等到“漾”越流越大了，才改称为“汉”，“汉”也因此带上了盛大、伟大的引申意义。

有趣的是，因为天上银河的方向与汉水流向近似，都是从西北“流”向东南，所以银河便有了“天汉”的称呼。于是，只要人们提到“汉”，就会想到“天”，“汉”也就成为美好的字眼。公元前206年，刘邦被封为汉王。公元前202年，刘邦打败项羽得了天下后，仍以“汉”作为帝国的国号。

追根溯源，我们发现，汉江的“汉”意为盛大的河流，汉族的“汉”意为伟大的民族。

长江的爱称

说完汉江，再说长江和黄河。我个人认为，长江性情温柔，黄河狂放不羁，也许把长江比作“母亲河”，把黄河比作“父亲河”，更加合适。

从地名上来说，长江本来专称“江”，由于水量浩大，又称“大江”。“大江”源远流长，所以又称“长江”。论长江之大，令人惊叹：水量接近万亿立方米，是黄河水量的20倍；论长江之长，干流长约6400千米，雄居世界第三（前两名是尼罗河、亚马孙河）、亚洲第一。然而，长江也因为太长，所以又有了许多约定俗成的分段名称，这些名称也可以看作是生活在长江两岸的人们对滋养他们的长江的爱称。

长江发源于青海省唐古拉山脉主峰各拉丹冬雪山的西南侧，

汇入东海。长江的源头河段叫沱沱河。继续东流，形成河面宽约30米的大河，名叫通天河，藏语则称“直曲”。通天是形容仿佛上可通天。直曲是什么意思呢？传说，有头从天而降的牛犊，它的一对鼻孔永不停息地流着水，这就成了通天河的水源，所以，“直曲”是牛犊河的意思。

爱护长江，人人有责

长江流域宽广，不仅润泽了依水而居的人，也养育了无数的水生生物。然而，由于种种原因，不少的水生生物也面临着生存危机。其中，中华鲟、达氏鲟、长江江豚濒临灭绝，白鱀豚、白鲟功能性灭绝。而曾经出现在餐桌上，被称为“长江三鲜”的河豚、鲥鱼和刀鱼也处于濒危状态。

长江再往下游流，便有了“金沙江”之名，此名源于江中出产沙金。金沙江流至四川宜宾与岷江汇合，始称“长江”。长江奔腾到这里已经跑了3000多千米，可依旧属于上游呢。长江的别名还有，继续看：比如，四川省宜宾市至湖北省宜昌市段，因为长江大部分在四川境内，故称“川江”；其中自重庆奉节县至湖北省宜昌市段，因为流经三峡地区，又称“峡江”。

长江在南京市以东地区的名字也很有意思。在这里，长江因为江面宽广赢得了“洋子江”的名号，即海洋之子；又因流经古代的扬州地区，而得名“扬子江”。

爱称众多，各段分别命名，这就是“长江地名”的最大特点，彰显了长江流域异彩纷呈的历史与文化。

课堂之外

长江的爱称

聪明的你，一定会举一反三吧！

峡江之下，江水进入两湖平原，这是古代的荆州地区，所以在这里，长江又被称为（　　）。

长江流经今江西、安徽段，因为这两地古代属于楚国，所以人们把这段长江称为（　　）。其中江西九江一段又名“浔阳江”，这是因为九江古名浔阳。

地上河——悬河

黄河挟带大量的泥沙流到下游，造成下游河床高出两岸地面，随时有决堤泛滥的危险。人们为此只能不断加高堤坝，黄河成了悬河。

河南省开封市黄河大堤高10—20米，比开封市区地面高出了3—6层楼。

双面黄河

相对于长江的分段命名，发源于青海省巴颜喀拉山北麓、汇入渤海、全长5400多千米、中国第二长的黄河，除了起源段有卡日曲（藏语意为“红铜色的河”）、玛曲（藏语意为“孔雀河”）等名称外，其名可谓“一以贯之”，即先被称为“河”，也习称为“大河”，再通称为“黄河”。

黄河得名的原因很简单：由于流经土质疏松的黄土高原，河水挟带泥沙奔涌而下，成了滚滚黄流。这样的滚滚黄流，产生的影响又极为复杂：一方面，黄河塑造了上游被称为“塞上江南”的河套平原，“堆”出了下游被称为“天下粮仓”的华北平原，所以被誉为中华民族的母亲河。古代的中国人认为大地是黄色的，黄色象征着丰收，中国的“人文始祖”也称黄帝。另一方面，也是黄河的“黄”，即泥沙含量太大，造成了黄河易淤积、常决口、频繁改道三大问题，使黄河治理成为自古至今始终备受关注、关乎天下存亡的大事。

阅读链接

“江”与“河”

受到“江”“大江”“长江”的影响，中国南方的河流多被称为“江”；而受“河”“大河”“黄河”的影响，中国北方的河流多被称为“河”。这是值得关注的有趣现象。

淮河，鸟儿的栖息地

从前的黄河，一向是桀骜不驯的，并且会“横行霸道”。以位居黄河与长江之间、发源于河南省桐柏山、作为中国东部南北地理分界线的淮河来说，因为黄河历时700多年（1128—1855）的夺淮入海，从曾经的水清、槽深、利航，变为了“两头高，中间低”的扁担河，成了上游水留不住、中游水流不动、下游水流不出的一条苦难的河。

好在长江“接纳”了淮河这个可怜的“孩子”，允许它南下扬州三江营，投入自己的怀抱，避免了淮河的“灭顶之灾”。中华人民共和国成立后，政府大力整修淮河，增添了再造的入海水道、灌溉总渠，千里淮河这才重新走上了“名实相符”的漫长道路。

千里淮河原本是条碧波荡漾、鱼游鸟翔的美丽之河。“淮”字的左边是“氵”，这表示它是条河。淮河最早的时候就叫“淮”，后来才有了“淮水”“淮河”的称呼。“淮”字的右边是“隹”。“隹”是什么？是短尾巴鸟的统称！这恰好反映了淮河的水文特征。种类繁多的短尾巴鸟，如隼、雁、雀等，常在淮河的水面上自由自

淮河岸边戏绕梁

淮河流经河南、安徽、江苏三省，全长约1000千米。淮河之上鸟声啁啾，淮河两岸戏声绕梁。

在地飞翔、嬉戏，而鸟的叫声可能就是“淮”字的读音。这样的淮河，才是“走千走万，不如淮河两岸”的富饶美丽的淮河！

河流孕育着文明，文明丰富了河流。民族的汉江，自然的长江，人文的黄河，环境的淮河。如此江河，正所谓日月经天，江河行地，不废江河万古流！

阅读链接

知者乐水，仁者乐山

孔子在《论语·雍也》中说道：“知者乐水，仁者乐山。知者动，仁者静。知者乐，仁者寿。”知者即智者，是聪明的人；仁者，即仁义的人。孔子这几句话的意思是：聪明的人喜爱水，仁义的人喜爱山；聪明的人活跃，仁义的人安静；聪明的人快乐，仁义的人长寿。

我们也可以理解为：智者的快乐，就像流水一样，悠然、淡泊；仁者的快乐，就像大山一样，崇高、安宁。也许，这就是“一方水土养一方人”的道理吧！

第8课 泛舟：五湖四海

万古江河，读不尽的水；五湖四海，泛不完的舟。如何泛舟？唐人吕岩有《绝句》曰："斗笠为帆扇作舟，五湖四海任遨游。"

"五湖四海"是个惯用成语。你知道"五湖"是哪五湖，"四海"又是哪四海吗？

"五湖"是哪五湖

古代所谓的"五湖"，众说纷纭，一说是太湖，二说是太湖加上附近四湖，三说是与太湖相通的五个湖湾，四说是太湖流出的五条通道，五说是五个大湖（具区、洮滆、彭蠡、青草、洞庭五湖，或太湖、射阳、青草、丹阳、宫亭五湖）的总称。

其实这里的"五"是个虚数，这就好比"九牛一毛"中的"九"，不是指从九头牛身上拔下一根毛，"五湖"同样不能拘泥为五个湖泊，而是泛指太湖流域的所有湖泊。当然到了近代，"五湖"真成了我国五大淡水湖（鄱阳湖、洞庭湖、太湖、洪泽湖和巢湖）的专称，只是这五大淡水湖的名称解释起来仍不简单。

“渔舟唱晚，响穷彭蠡之滨”

鄱阳湖在今天的江西省北部，是我国第一大淡水湖，面积约3960平方千米。鄱阳湖的名字最早出现在北宋初年，因为湖中有鄱阳山，故名鄱阳湖，湖水绵亘数百里。

在古代，鄱阳湖又被称为彭泽或者彭蠡泽，唐朝诗人王勃在名作《滕王阁序》中曾经描绘了这样一番美丽的湖上景象：“云销雨霁，彩彻区明。落霞与孤鹜齐飞，秋水共长天一色。渔舟唱晚，响穷彭蠡之滨。”这里的彭蠡指的就是鄱阳湖。

现代学者认为，鄱阳湖湖区在地质历史上是巨大的盆地，地壳运动使西侧上升为庐山，东侧陷落成为湖盆。起初彭蠡泽在长江北岸，汉朝时江北的彭蠡泽逐渐萎缩，而江南由于地面下沉形

成湖泊且湖面迅速扩大，遂拥有了彭蠡泽之名。

鄱阳湖水系是由赣江、抚河、信江、饶河、修水五大河流及各级支流，加上青峰山溪、博阳河、樟田河、潼津河等独流入湖的小河，以及其他季节性的小河、溪流和鄱阳湖组成。各大小河流的水均注入鄱阳湖，经调蓄后由湖口流入长江，成为长江水系的重要组成部分，起着调节长江水位的作用。鄱阳湖湖区为白鹤、黑鹳、鸿雁等候鸟的越冬栖息地，素有“珍禽王国”之称。紧傍鄱阳湖的庐山，雄伟秀丽。庐山东谷的含鄱口气吞长江，放眼口外，百舸争流，好一派壮阔的山水风光！

八百里洞庭

洞庭湖在湖南省北部，是我国第二大淡水湖，面积约2700平方千米，自古称为“八百里洞庭”。它接纳了湘江、资江、沅江、澧水，并在城陵矶汇入长江。

从屈原笔下的“洞庭波兮木叶下”可知，战国时已有洞庭之称。唐朝巴陵（今湖南省岳阳市）县令李密思的《湘君庙记》中记载“洞庭山，盖神仙洞府之一也。以其洞府之庭，故以是称。湖名因山”，即洞庭湖得名于洞庭山，洞庭山得名于此处是神仙的“洞府之庭”。洞庭湖烟波浩渺，渚清沙白，其湖光山色正如北宋范仲淹《岳阳楼记》中的名句：“衔远山，吞长江，浩浩汤汤，横无际涯，朝晖夕阴，气象万千……沙鸥翔集，锦鳞游泳，岸芷汀兰，郁郁青青。”在此登楼或泛舟，必定会生发出“先天下之忧而忧，后天下之乐而乐”的“仁人之心”。

太湖，大湖，大美

太湖在江苏、浙江两省交界处，是我国第三大淡水湖，面积约

2400平方千米，通称“三万六千顷”，太湖之名也因此得来。“太”就是“大”，“太湖”即是“大湖”。太湖自然风光优美宜人，人文胜迹丰富多彩。在古代太湖曾是东海海湾的一部分，由于长江、钱塘江的泥沙堰塞，渐渐形成了封闭的潟湖。也有

江南三大名楼

长江中游支流众多，其中汉江、湘江、赣江为其大者，这三条大江分别流经今天的湖北、湖南、江西。三江与长江交汇处，又分别有黄鹤楼、岳阳楼、滕王阁，合称“江南三大名楼”。

这三大楼因崔颢的《黄鹤楼》、范仲淹的《岳阳楼记》、王勃的《滕王阁序》而名垂千古。

一些其他观点，比如认为太湖是5000万年前一颗陨石撞击形成的，但这有待于进一步研究。

横空出世的洪泽湖

太湖湖盆是不是“天降瑰宝”，还在探讨之中。而位于今江苏省西北部的我国第四大淡水湖、面积约2000平方千米的洪泽湖则毫无疑问是人工产物。

“洪泽”之名最早出现在隋代。隋炀帝杨广游幸江都（今江苏省扬州市），途经破釜涧（在盱眙县北）时大雨倾盆，洪水肆泛，故将破釜涧更名洪泽浦。北宋末年，金兵大举南下。1128年，北宋东京（今河南省开封市）留守杜充不敢与金兵正面交锋，便掘开黄河大堤，阻止金军南下。结果，黄河夺淮河河道作为入海口，淮河干流因此泄水不畅，洪泽浦水面逐渐扩大，到了明朝时遂拥有了洪泽湖之名。

明清两代，朝廷为了蓄淮河清水稀释黄河浊水，借淮河水势冲刷黄河泥沙，以保京杭大运河的畅通，在历代堤防的基础上，建起了巍峨壮观的高家堰（今洪泽湖大堤），拦蓄淮河与洪泽湖水。于是，湖面广大的洪泽湖横空出世。如今这里已成为物产丰饶的“鱼米之乡”。

移花接木的草船借箭

位于安徽省中部的巢湖，是我国第五大淡水湖，面积约780平方千米，因形状好似鸟巢而得名。这里水产资源丰富，银鱼、白虾、湖蟹被称为“巢湖三鲜”。巢湖战略地位显要，历来是兵家必争之地。在这里，还发生过一个耳熟能详的故事。据三国时代史学家鱼豢的《魏略》记载，213年，孙权与曹操在巢湖一带对峙。一天，孙权乘着大船闯入曹军前沿，观察曹军部署。曹操

生性多疑，不敢出战，只敢下令让将士弓弩齐发，逼停大船。不一会儿，孙权的大船就因一侧中箭太多，船身倾斜，有翻沉的危险。孙权灵机一动，下令掉转船头，让船身的另一侧再受箭。等到箭均船平了，孙权便安全返航。然而到了小说《三国演义》中，孙权无奈的木船“借”箭，变成了诸葛亮主动的草船借箭，时间也从213年变成了赤壁之战前的208年。而类似这样的移花接木，在《三国演义》中还多着呢！

巢湖列名“五湖”之中，有不少争议，因为内蒙古自治区东北部的呼伦湖（古代是淡水湖），面积约有2300平方千米，不仅是巢湖面积的3倍，甚至跟太湖相当。所以，上述的“五湖”，也就是习惯成自然的一种说法而已。

“四海”是哪四海

再来说说“四海”。今天我们所说的地理概念的“四海”是指中国四大近海，即渤海、黄海、东海、南海。从这四海的得名说，渤海也称“勃海”，“勃”有旁边附生的意思，正好符合渤海体量较小的特征。黄海因为近岸海水较浑浊发黄而得名，东海、南海因为相对方位而得名，也都容易理解。

有趣的是，东汉及以后，南海又名“涨海”，“涨”在这里有弥漫无边的意思。清朝时，黄海与渤海可合称“北洋”，清末李鸿章创办于威海卫（今山东省威海市）的海军“北洋水师”因此得名。

阅读链接

此“海”非彼“海”

汉语里有些称“海”的地方，实际并不是指大洋边缘部分的水域。如古代的青海（今青海湖）、居延海，现在的洱海、邛海、岱海，北京的中南海、什刹海，都是湖泊。除了湖、泊、海可以表达“湖泊”的意思以外，淀、池、潭、泡、泽、塘、陂、洼、荡、漾、泖、淖、湫，以及蒙古语的“诺尔”（或“淖尔”）、藏语的“错”、维吾尔语的“库勒”等，都是湖泊的意思。

更有趣的是成语“五湖四海”中的“四海”和习惯用语“四海之内皆兄弟”中的“四海”的具体所指，在不同时代也不一样：先秦古籍中的东海，大致就是今天的黄海。秦汉以后的东海则包括了现在的黄海与东海。明朝以后，东海又重新分成两部分，即北部为黄海，南部仍称东海。

先秦古籍中的南海，相当于今天的东海。秦朝统一岭南后，设置了南海郡。从此以后，南海就专指现在的南海了。

西汉末年，在今天的青海湖附近设置了西海郡，这是把青海湖看作西海。东汉末年，改在今内蒙古居延海附近设置了西海郡，这是把居延海看作西海。我国西部或以西其他的较大水域，如博斯腾湖、咸海、里海、波斯湾、红海、阿拉伯海以及印度洋西北部，甚至地中海，也曾被称为西海。

先秦古籍中的北海，指今天的渤海。秦汉以后，凡是塞北大泽，往往就被称为北海。如贝加尔湖、巴尔喀什湖、里海，都曾拥有北海之名。

由此可见，中国古代具体的“四海”所指是没有定论的。那么，问题主要出在哪里呢？出在西海与北海！一方面，中国古人认为，大地的四周都是大海，既然有了东海、南海，就不能没有西海、北海，所以会自己指定“西海”和“北海”。另一方面，中国的西边与北边，确实没有呈环绕状的海域，于是西海、北海也就随人们的认知范围而变了。

课堂之外

猜地名灯谜

构思巧妙、扣合贴切的地名灯谜妙趣多多。你也来猜一猜吧！

琴棋书画都精通（打广东省一市名）

久雨初晴（打贵州省一市名）

金银铜铁（打江苏省一市名）

夸夸其谈（打海南省一市名）

第三单元

不能忘却的纪念

第9课 寻根：故土难忘

天下五岳、中华名山、万古江河、五湖四海，这是大美的中国。宁波、上海、桐城，是我可爱的家乡。大美中国，国是大家；我的家乡，家是小家。爱国与恋家说到底是一回事，因为我们中国人拥有与生俱来的家国情怀。这样的家国情怀也鲜活地展现在从个人到家族的地名情结中。

刘邦，复制一座城

东汉学者应劭在给《汉书·高帝纪》作注时说："太上皇思欲归丰，高祖乃更筑城寺市里如丰县，号曰新丰，徙丰民以充实之。"这段话是什么意思呢？

原来，平民出身的汉高祖刘邦是沛郡丰邑（即丰县，秦朝后期改丰邑为丰县。今江苏省徐州市丰县）人，他做了开国皇帝后，便把父亲接到首都长安（今陕西省西安市），并尊为太上皇。没想到，太上皇因为听不到乡音，看不到邻里间的寻常生活，在京城住得闷闷不乐。于是，孝顺的刘邦下令在长安的骊山之北、渭河南岸，按照丰县的模样复制了一座新城。新城不仅街道、市场、房屋做得和丰县一模一样，连丰县的百姓、鸡狗都搬迁了过来。相传，鸡、狗放到新城的街上，都能立刻找到原来的

鸡窝、狗舍。

这座新城被命名为“新丰”，意思是新的丰县。

在古代，新丰出产美酒，且价格昂贵，一斗酒价值十千钱。来这里喝酒的多是长安城里的少年游侠。意气相投的人聚在一起，总免不了举杯痛饮。于是，游侠们把马牢牢地拴在酒楼旁的垂柳树上，准备一醉方休，不醉不归。

人在走，地名跟着走

像丰县这样名与实都能搬家的，实属特例。不过，“人在走，地名跟着走”这样的地名搬家的例子却有很多。台湾省的汉族人祖籍以福建南部、广东东部为多，人们思念故乡，便常将故乡地名“移植”到台湾省。于是，台湾省与福建省的泉州、漳州，广东省的梅州、潮州等相关的地名就很多了。

福建省泉州市南安县安平镇是明末清初军事家郑森（现在习称“郑成功”）的故乡。1662年，郑森收复台湾后，为了纪念故乡，激励士气，改荷兰殖民者命名的热兰遮城（Zeelandia，来自荷兰Zeeland省名）为安平城，这就是今天台湾省台南市热门旅游地“安平古堡”名称的由来。台湾省屏东县内埔乡的昌黎祠始建于清朝雍正年间，是用于祭拜“唐宋八大家”之首、曾做过潮州刺史的大文豪韩愈（韩愈字退之，自谓郡望昌黎）的庙宇。原来，广东潮州移民视韩愈为“文神”。而时至今日，韩愈竟然演变成了学子们的考试护佑之神。安平城、昌黎祠这类地名，温馨表达了台湾同胞的寻根情感。

1945年，被日本帝国主义侵占了50年的宝岛台湾回到祖国母亲的怀抱。清理带有日本味道的地名成为急务。1947年，重新命名台北市道路的任务被交到了来自上海的建筑师郑定邦手上。郑定邦经过一番苦思冥想，终于有了主意：他拿出一张中国地图，浮贴在台北地图上，然后趴在上面，把中国地图上的省份和城市名称依照东南西北中的方位，一一对应到台北街道上。于是，一幅中国地图便以地名的形式铺展在了台北市的街头。日后，如果你到台北市旅游，必定会感叹：“脚下是陌生的土地，眼前是熟悉的路标，现实牵系着历史，此岸映照着彼岸。”这是一场多么奇妙的穿越之旅！

阅读链接

莼鲈之思

除了地名可以表达对家乡的思念，很多成语也饱含了浓浓的思乡之情。

西晋吴县（今江苏省苏州市）人张翰在洛阳做官，因为思念家乡的菰（gū）菜、莼（chún）羹、鲈鱼脍（kuài），于是找了个“人生贵得适志”的理由，弃官回家。此后，人们便以“莼鲈之思”比喻思念家乡。

问我祖先在何处，山西洪洞大槐树

在这节课上，前面说到的地名可以称为“戴籍地名”，就是戴着“籍贯”的地名。还有一种情况是地名虽然没有“搬家”，却长久保存在人们的心里、家族的谱中。这类地名，人们往往称为“寻根地名”。山西洪洞大槐树，就是典型的“寻根地名”。

“问我祖先在何处，山西洪洞大槐树”，这是一首流传大半个中国的民谣中唱的。为什么我们的祖先来自山西洪洞大槐树呢？原来，明朝初年，经过长期的战乱与河患，许多地区人口稀少，

大槐树祭祖习俗

2008年6月7日，大槐树祭祖习俗经国务院批准被列入第二批国家级非物质文化遗产名录。我们会看到，祭祖仪式后，很多人会折一小截槐枝，或者带一点泥土，甚至还有人带一个瓦罐来在大槐树前摔成碎片，然后把这些东西带回去，分给不能来祭祖的移民后代。

田地荒芜，而山西地区由于很少被战争、疾疫波及，人丁兴盛，乃至人多地少。朝廷为了缓解人地不均，恢复经济，便在洪洞县大槐树下设局驻员，专门办理“移民事务”。传统的中国人有着安土重迁的观念，而且还是从风调雨顺、田地肥沃的山西迁往残破凋敝的外地，自然没有人愿意。所以，这次大规模移民是强制性的。

当时规定："凡五口之家迁二，六口之家迁三，七口之家迁四，八口之家迁五，有丁无地之家全迁。"结果，明初山西移民几乎涵括了中国北方常见的100多个姓氏。经过600多年的开枝散叶，今天自称祖辈来自洪洞大槐树的约有两亿人，他们遍布中华九州、世界各地。而移民离乡时的难舍故土、离开后的无限眷念又留下了许多真切感人的传说。

据说，为了防止逃跑，押解人员会在移民双脚的小脚趾的指甲上砍上一刀作为记号，所以移民后裔的小脚趾的指甲都是两瓣的。至今还有"谁是古槐迁来人，脱履小趾验甲形"的说法。强制迁移途中，所有人被捆住双手，并用长绳连成一串，需要"方便"时就得请求官兵解开被捆的双手。后来"解手"也就成了上厕所的另一种说法。

又传说，牛姓从大槐树下迁往河南时，父亲将一口铁锅打破成三块，分给三个儿子，三子各生了六个儿子，形成河南十八处牛姓，他们自称"打锅牛"。

几百年来，山西移民后裔络绎不绝地回到大槐树寻根祭祖，成为历久不衰的文化活动。于是，大槐树这棵古树名木、这段历史记忆、这个普通地名，具有了超越时空的永恒价值。

海外游子的呼唤

1971年，一部名叫《唐山大兄》的电影在全世界掀起了一股中国功夫热。这部电影取材于一个真实故事。

电影中主角的原型郑潮安来自中国大陆，在泰国曼谷的一家制冰厂做工。他为了维护工友们的生命安全，凭着快速凌厉的中国功夫，一次次击败当地的打手、毒贩，泰国华侨因此尊称郑潮安为“唐山大兄”。注意啦，这里的“唐山”不是河北省唐山市，而是指“大唐江山”。中国历史上的大唐王朝在海外享有崇高的威望，这样的称呼表现了海外华侨对祖国的眷念之情，也逐渐演变成了海外华侨对祖国的称呼。

客家谚语“无钱番过番，有钱转唐山”，“番”指外国，“唐山”指祖国。这句话的意思是，没钱的时候，出国辛苦打拼；等到有钱的时候，就要回到祖国，报效故土。出生于广东省梅州市大埔县的中国香港诗人蓝海文在1990年写过一首名为《华侨》的诗：

无须分辨
汉时的月亮
现代的月亮
毋庸把唐山

兑换成中国
即使
乡土在你身上脱落
乡音自你嘴上溜走
只要摸一摸胸膛
就会发现
里面跳着一颗
中华民族的心脏

这首短诗，前面写的是变，变的是时间、乡土与乡音；后面写的是不变，不变的是把“中国”称为“唐山”的华侨们那颗赤诚的爱国之心！

课堂之外

中国十大寻根圣地

山西洪洞大槐树、湖北麻城孝感乡、河南固始、福建宁化石壁村、广东南雄珠玑巷、山东兖州枣林庄、江苏苏州阊门、江西鄱阳瓦屑坝、河北滦平小兴州、河南滑县白马城，你知道这些地名背后的丰富故事吗？查一查，问一问吧！说不定就与你的祖先有关呢！

第10课 致敬：伟人与先烈

一个不记得来路的民族、一个忘记了先烈的国家，是没有希望的。而那些纪念伟人、缅怀先烈的地名，就铭刻着我们民族的来路，彰显着我们国家的精神。

为了不被忘却

伟大的中国革命先行者孙文先生号逸仙，人们习惯地称呼他为孙中山。那遍布全国的中山路、中山公园，广东省的中山市，南京市的中山陵、逸仙桥，都取义于孙文先生。

抗日战争时期，日本侵略者认为当时在东北的心腹之患是“南杨北赵”，“南杨”是指主要战斗在东北南部的杨靖宇，“北赵”是指主要战斗在东北北部的赵尚志。

1940年2月23日，杨靖宇在冰天雪地、弹尽粮绝中，孤身一人与大量日寇周旋，战斗几昼夜后在濛江县壮烈牺牲。1946年2月，为了纪念民族英雄杨靖宇，濛江县改名靖宇县（今属吉林省白山市）。

1942年2月12日，赵尚志被特务刘德山击伤，身负重伤被俘，宁死不屈，为国捐躯。1946年11月，为了纪念民族英雄赵尚志，珠河县改名尚志县（今

阅读链接

以革命烈士命名的地名

陕西省延安市志丹县，为纪念中国工农红军将领、西北革命根据地主要创建人之一的刘志丹而命名。

福建省福州市闽侯县祥谦镇，以中国工人阶级的杰出代表林祥谦的名字命名。

江苏省泰兴市根思乡，以国际主义战士、特级战斗英雄杨根思烈士的名字命名。

黑龙江省哈尔滨市一曼街，为纪念中华民族抗日英雄赵一曼烈士而命名。

黑龙江省尚志市）。

诸如此类的地名，不胜枚举。为了缅怀，为了致敬，人们将先人的名字写满神州大地。

唯一的黄帝，不唯一的黄帝陵

历史学家顾颉刚先生说过：“战国秦汉之间，造成了两个大

偶像：种族的偶像是黄帝，疆域的偶像是禹。这是使中国之所以为中国的，这是使中国人之所以为中国人的。”这番话是什么意思呢？黄帝作为种族偶像，被尊为“人文始祖”，许多事物的发明权都归功于黄帝，许多典章制度也由黄帝首创。中国的第一部通史——司马迁的《史记》也是以“黄帝者”三字开篇的。而大禹为民治水十三年，三过家门而不入，改堵为疏，治理了滔天洪水，划分了天下九州，人民得以安居，所以被视为疆域偶像。

种族偶像黄帝和疆域偶像大禹，在地名方面也有非常突出的“表现”，只是表现形式有一些差异。

唯一的黄帝却有多处黄帝陵，这个现象还是蛮有趣的。我们平时瞻仰的黄帝陵在今天的陕西省延安市黄陵县西北，其实这处黄帝陵是距今约1000年的唐宋时代才确定下来的。而在距今

1500年左右的南北朝时期，黄帝陵在今天的河北省张家口市涿鹿县南；在距今2000多年的西汉时代，黄帝陵在今天的陕西省子长市西北。按道理，历史记载越早，可信程度越高，但这并不妨碍今天的人们到陕西省黄陵县的黄帝陵表达对黄帝的敬仰之情。黄帝作为民族偶像，他的陵寝到底在什么地方已经不那么重要了，重要的是在中华五千年文明史中，黄帝已经成为中华儿女都认同、敬仰的祖先。

寻根问祖之旅

黄河文化是中华文明的重要组成部分，是中华民族的根和魂。早在上古时期，黄河流域就是中华民族繁衍生息的重要家园。生活在黄河流域的炎帝与黄帝被共同尊奉为中华民族的“人文始祖”，成为中华民族传承至今的凝聚力。

大禹凿开的龙门

因为围绕着大禹的神话传说丰富多彩，围绕着大禹的感恩真挚深情，所以围绕着大禹的纪念地名也是星罗棋布。禹穴，大禹治汉水时住过的地方，在今天的陕西省旬阳市；禹登山，大禹治济水时登过的山，在今天的山东省济南市。

相传，位于四川省阿坝藏族羌族自治州的汶川县是大禹的出生地，安徽省蚌埠市怀远县是大禹夫人涂山氏女的家乡，浙江省绍兴市是大禹的归葬地。在这些地方有关大禹的纪念地名尤其繁多，如绍兴就有大禹陵、禹庙、禹祠、禹陵村等。全国很多地方也都有祭祀大禹的禹庙。

位于山西省河津市与陕西省韩城市之间黄河峡谷中的龙门，传说是大禹治理黄河时拓宽整治的河道，所以也称禹门。黄河经山崖峡谷冲出龙门，声震山野，古人赞“禹门三汲浪，平地一声雷”。

传说，黄河鲤鱼逆流而上时，跳过龙门的，就会变成龙；跳不过龙门的，额头上便会摔出一道黑疤。直到今天，这个黑疤还留在黄河鲤鱼的额头上呢！诗仙李白就曾在《赠崔侍郎》中写道：“黄河三尺鲤，本在孟津居。点额不成龙，归来伴凡鱼。”

孔子的老家

文圣孔子名丘，是春秋时代鲁国陬邑（今山东省曲阜市）人，于是曲阜市有了著名的“三孔”：孔子嫡系长子长孙居住的孔府、祭祀孔子的孔庙、孔子及其家族的专用墓地孔林。

孔林的称呼来自古代礼制，即皇帝之墓称“陵”，圣人之墓称“林”。在神州大地处处可见的孔庙也称文庙，或称宣尼庙、文宣王庙、至圣庙、先师庙、夫子庙，主体建筑为大成殿。这些

孔府

孔庙

孔林

称呼的由来则与孔子被尊为宣尼公、文宣王、大成至圣先师、孔夫子有关。我个人很喜欢南京的夫子庙这一称呼，感觉这个称呼很接地气。

其实，孔子是个很可爱的人。孔子周游列国期间到访卫国，见到了名声很差的卫灵公夫人南子。对于孔子见南子这件事，他的弟子子路颇有意见，孔子只得发誓说："予所否者，天厌之，天厌之！"这话的意思是：如果我做了不正当的事情，就让老天爷厌弃我吧，就让老天爷厌弃我吧！孔子的可爱，由此可见。

关庙越千古

武圣关公名羽，是东汉末年河东郡解县（今山西省运城市临猗县西南）人。他本是刘备手下的一员大将，号称"万人敌"，却因恃勇轻敌，"大意失荆州"乃至"失生命"。然而这样的关羽，从宋朝开始，忽然"官运"亨通了起来，竟先后有十几位皇帝为他加封晋级，从公到王，从王到帝，乃至跳出凡界，成了圣人。到了清朝光绪年间，关羽的封号是"忠义神武灵佑仁勇威显护国保民精诚绥靖翊赞宣德关圣大帝"，长达26个字。

在民间，关公也被尊为驱邪避恶、护佑平安的保护神，被视为风调雨顺、招财进宝的武财神。于是，中华大地关庙林立。关庙的名称也有关将军庙、关侯庙、关公庙、关王庙、关帝庙、武庙等20多种。

此外，还有因刘备、关羽和张飞结义而得名的“三义庙”，奉祀关羽和张飞的张关庙，奉祀关羽和岳飞的关岳庙等。这些名称，构成了中华地名文化中一道独特的风景线，体现了中华民族对忠义仁勇之士的尊敬。

课堂之外

王阳明少年立志

1472年，王阳明出生于浙江省余姚市一个官宦人家。十多岁时，有一天王阳明请教老师：“您觉得天下第一等事是什么呢？”老师回答：“读书科举，考取功名。”王阳明却并不认同，当即说道：“我认为读书明理，成为圣贤，方为第一等事。”王阳明少年立志，不懈努力，终于成了在国堪称功臣、在学堪称宗师的一代圣贤。

这位圣贤也为后世“贡献”了许多地名，你知道有哪些吗？

第11课 风俗：吉祥和忌讳

何谓“风俗”？风俗是社会风尚与民众习俗的合称。因为社会风尚、民众习俗是以自然地理环境、社会生活条件为基础而形成的，所以风俗的内涵无比丰富，涉及面非常广泛。所谓“一方水土养一方人”就是风俗的形象表达，而“一方水土”的中国地名与“一方人”的中华风俗，也就具有了如同血缘般的关系。

宁可信其有的“风俗故事”

公元35年，东汉光武帝刘秀麾下的虎将岑彭奉命征讨割据蜀地的公孙述，所到之处势如破竹。公孙述大惊失色道：“是何神也？”岑彭率领大军日夜兼程，急速前行2000余里，疲惫不堪之际只得安营扎寨。没想到的是，安营扎寨的地方竟叫作彭亡（今四川省眉山市彭山区江口镇）。岑彭得知，虽然觉得大触霉头，但因暮色已临，也只得暂宿一晚。结果，就在当晚，公孙述派出的诈降的刺客刺杀了岑彭。彭亡真成了岑彭的死地！

219年，汉中王刘备麾下的虎将关羽北伐曹操，樊城（今湖北省襄阳市汉江北）告急，曹操堂弟曹仁安排战功赫赫的“五子良将”于禁和曾经射伤关羽的“白马将军”庞德率领七军，驻扎在樊城以北的罾（zēng）口川。当得知于禁驻扎此地时，关羽高兴地说：“于禁必为我擒矣。鱼入罾口，岂能久乎？”关羽这话的意思是：罾是渔网，罾口就是网口，于禁进了罾口川，那就如同鱼儿自己游进了渔网，在劫难逃。果然，关羽水淹七军，于禁被俘投降，庞德宁死不屈，关羽威震华夏。

上述这两个故事中的地名，彭亡是真实存在的；罾口川大概是属于小说家的编造，不过，虽然是编造，却也反映了中国传统的风俗。

阅读链接

孔子过盗泉而不饮

在今山东省济宁市泗水县东北，古代有眼泉，据说因为盗贼曾占用过，得名“盗泉”。古籍中记载“孔子过于盗泉，渴矣而不饮，恶其名也”。这句话说的是，一次孔子路过“盗泉”时很口渴，但是因为“盗泉”恶名在外，孔子强忍干渴，坚决不饮此水。由此可见地名对于人们心理的影响。

“不饮盗泉”也成为成语，比喻为人处世的清高廉洁。

招财纳福的《店铺字号诗》

中国地名所体现的中华风俗丰富广泛，岑彭忌讳彭亡、于禁在罾口川被擒，这些都属于地名风俗中忌讳的、触霉头的一类。而与此形成鲜明对比的是在地名中表达得尤为充分的吉祥、讨口彩的风俗。

旧时店铺开张之前，店主会费尽心思为店铺取个好名字，期望生意兴隆，财源广进。传说，清朝有位叫朱彭寿的文人擅长代客取名，他收集了有名的店铺名称进行琢磨，发现这些店铺名称的常用字不外56个。为了方便记忆，他用平仄有序、朗朗上口的律诗形式，把这56个吉祥字串联起来，编了一首《店铺字号诗》：

国泰民安福永昌，兴隆正利同齐祥。
协益长裕全美瑞，合和元亨金顺良。
惠丰成聚润发久，谦德达生洪源强。
恒义万宝复大通，新春茂盛庆安康。

这七言八句56个字，只要从中抽取两三个字，即可组合成店铺字号，寄托着商家祈盼生意兴隆、财源茂盛的美好愿望。店铺字号是这样，下及镇乡村，上到省市县，当然也不例外。如言现在的情况，按照《中华人民共和国行政区划简册2020》所附“县级及以上行政区划地名索引”，截至2019年底，首字带有祥瑞祈福之意的地名，“安”字33例，“宝”字10例，“昌”字12例，“德”字16例，“定”字12例，“丰”字12例，“富”字12例，“福”字11例，“和”字14例，“惠”字11例，“吉”字13例，“嘉”字10例，“金”字29例，“乐”字10例，“隆”字9例，“宁”字25例，“平”字38例，“泰”字8例，“兴”字22例，“永”字31例，以上这20个首字、合计338个政区名称，占了我国省、市、县三级政区3213个名称首字的10%以上。又据《中华人民共和国乡镇行政区划简册2020》所记，截至2019年底，乡镇街道名称的首字，“福”近100例，“和”“富”超100例，“兴”“安”超100例，“太平”也超100例。

龙凤呈祥

同样象征美好、祥瑞，但用字不那么直白的地名还有非常典型的“龙凤地名”。以我的桐城老家为例，小区名称是龙眠春晓，龙眠春晓前枕龙眠河，近望龙眠山，我家的祖坟则在龙眠山里的凤形村。如此之多的“龙凤地名”，无疑联系着“龙凤呈祥”的传统风俗，于是，中华大地的“龙凤地名”精彩无限：既有龙凤的居所（如龙井、龙潭、龙窟、龙穴、凤冈、凤林），也有龙凤

阅读链接

改来改去的剡（shàn）县

今浙江省嵊州市古名为剡县。剡县始置于西汉，历时千余年后，吴越国时，因为“恶剡有二火一刀，为不祥也”，于是改名赡县。赡与剡同音，意为富足，是个吉利字。到了北宋初年，赡县改回剡县；再到北宋末年镇压方腊起义以后，地方官员认为方腊之所以造反，与“剡字两火一刀，有兵火象”的提醒有关，于是朝廷又改剡县为嵊县。

的躯体（如龙首、龙颈、龙角、龙须、凤羽、凤尾）；既有龙凤的姿态（如卧龙、盘龙、游龙、回龙、凤翔、凤栖），也有龙凤的颜色（如青龙、黄龙、苍龙、白龙、金凤、银凤）……这真是地名所呈现的“龙飞凤舞”的中华大地。

你可能不知道，起先“凤”是“凤凰”的总称，若是分开来说，则雄的称为“凤”，雌的称为“凰”，所以司马相如（男）追求卓文君（女）时弹奏的曲子，称为《凤求凰》。而后世却喜欢给女孩子起名叫“凤”，这显然是把性别搞错了。

在中国传统的十二生肖中，唯有龙是想象出来的动物。这既反映了龙在中国文化中的特殊地位，也提醒我们见到涉及龙的地名时，要多加留意有些与“龙凤狮麟”的“龙”无关，只是十二生肖中“龙”的表达。

地名中的十二生肖

十二生肖是中国古人挑选出来代表十二地支、用来标记人的出生年份的十二种动物，也称属相，是极为有趣的风俗文化符号。十二地支与十二生肖的搭配关系是：

> 子鼠、丑牛、寅虎、卯兔、辰龙、巳蛇、
> 午马、未羊、申猴、酉鸡、戌狗、亥猪。

用十二生肖纪年、纪月、纪日、纪时，当然都以十二为一个周期。那么十二生肖与地名有何关系呢？翻开云南省和贵州省地图，你就可以看到鼠场、牛街、龙场、鸡街等类似地名，它们大多属于“生肖地名”。这些鼠、牛、龙、鸡，表示的是民众赶场、赶街（北方地区习称赶集，湘赣等地习称赶圩）的日子。在云南、贵州一带，尤其农村地区，自古就有赶场赶街、买卖交易的风俗，又因这种赶场赶街多以十二天为一个周期，于是约定俗成，就以生肖动物名称命名这些集市了，比如羊街，赶场赶街的日子就是未日；猴场，赶场赶街的日子则是申日。

按照道理，以十二生肖里的动物名称命名集市地名的机会是均等的，但实际上有些动物名称用得不多，甚至很少，因为这又涉及某些地方的民间忌讳心理。因为猛虎伤人，于是忌虎，改称猫场、寅场；因为兔子尾巴长不了，于是忌兔，改称长耳朵街；

因为毒蛇吓人，所以忌蛇，改称长虫街、小龙场。也有因为感觉粗俗而改用同音字的，以“耈”（高寿的意思）代“狗”，以“珠”代“猪”，于是就有了耈街、珠场。大学时代，有一次我去北京玩，路过珠市口，却没见到什么珠宝店。一番打听之后，才知道这“珠市口”本是生猪交易市场，原名“猪市口”。

北京珠市口属行业地名。这样的行业地名，在城市与乡村中多如恒河之沙，我们行走其间，总能嗅到浓浓的市井气息。比如在我生活的城市南京就有网巾市、箍桶巷、羊市桥、珠宝廊、绒庄街、弓箭坊、估衣廊（旧衣市场）、明瓦廊（经营明瓦的场所）、教敷营（轿夫营）、堂子街（旧时多有澡堂子）、扇骨营、颜料坊、糖坊桥……如果一直数下去，大概真能凑出个“七十二行”。

课堂之外

四大米市

中国饮食，有“南米北面”的特点。明清以来习称的“四大米市”，又称“江南四大米市”，也都在长江流域。这四大米市的共同点在于：水路交通便利，粮食生产丰富，商贸流通发达。你知道四大米市是哪四个城市吗?

第12课 吟诵：『诗句连地理者，词气多高壮』

清朝人宋长白在《柳亭诗话》中引用了金长真的话："诗句连地理者，词气多高壮。"可见，好用地名以助气象是中国诗词的一大特色。诗仙李白的诗被誉为盛唐诗的典型代表，尤以气象雄壮著称。细读李白的诗，你会发现善用地名的确是他的一个显著特点，而且他还好用古地名、壮观地名。

除了李白，还有很多诗人喜用地名。我也试举三例，与大家一起感悟"诗句连地理者"的况味。

杜甫的“快诗”

闻官军收河南河北

［唐］杜甫

剑外忽传收蓟北，初闻涕泪满衣裳。
却看妻子愁何在，漫卷诗书喜欲狂。
白日放歌须纵酒，青春作伴好还乡。
即从巴峡穿巫峡，便下襄阳向洛阳。

这首诗是杜甫的一首“快诗”。那如何“快”呢？第一，事情快乐：延续八年的“安史之乱”终于被平，几千里之外的杜甫闻讯不禁喜极而泣。第二，心情快慰：漂泊异乡已经多年，马上就能

带着妻子和孩子踏上归途，杜甫喜极而狂。第三，行程快捷：由长江及汉水，从汉水至中州，杜甫想象着回乡的路程，喜极而奔。

而这诸多的快意又通过首联与尾联如串珠一样的六个地名得到了淋漓尽致的展现。剑外，剑门关外，这里借指杜甫当时所在的梓州（今四川省绵阳市三台县）；蓟北，河北北部，这是安禄山、史思明叛军的老巢。剑外、蓟北，忽传、初闻，起势迅猛而又抑扬顿挫。巴峡，长江巴江段的铜锣、明月、黄草三峡的统称；巫峡，长江峡江段的三峡之一；襄阳，南船北马的交换之地，是杜甫的原籍；洛阳，号称“天下之中”，是杜甫阔别多年的故

阅读链接

地名成语

成语是语言中一种简短有力的固定词组，其中可以发现很多地名。如黔驴技穷、邯郸学步、巴山蜀水、夜郎自大、楚河汉界、得陇望蜀、新亭对泣、绿林好汉、福如东海、寿比南山、围魏救赵、暗度陈仓、高阳酒徒、蓝田生玉、合浦珠还、中流砥柱、泾渭分明、河东狮吼等，皆属地名成语。如果感兴趣，你也可以查查这些地名成语背后的故事。

乡。巴峡、巫峡、襄阳、洛阳，四个地名搭配；“即从”“便下”、先“穿”再“向”，连续的四个与动作相关的词，使质朴的地名焕发出鲜活的生命力。

陆游的愤怒

书愤五首·其一

［宋］陆游

早岁那知世事艰，中原北望气如山。

楼船夜雪瓜洲渡，铁马秋风大散关。

塞上长城空自许，镜中衰鬓已先斑。

出师一表真名世，千载谁堪伯仲间！

不同于杜甫的《闻官军收河南河北》的“快”，陆游的这首诗，紧扣的是“愤”。愤什么呢？愤年轻时北望中原浩气如山，及至暮年仍壮志未酬，一切落空。这样的“愤”，又凝聚于“塞上长城”“出师一表”两个典故里，彰显在瓜洲渡、大散关两个地名中。

“塞上长城”的“塞上”原指边境，后来也泛指北方长城内外。“塞上长城”的“长城”指的是军队，这里化用了攻灭后秦、征伐北魏的南朝宋名将檀道济的典故。檀道济威名显著，竟然招致宋文帝的冤杀。临刑之际，檀道济怒言“乃坏汝万里长城”，痛斥宋文帝自己瓦解自己的军队。“出师一表”指诸葛亮的《出师表》，诸葛亮坚持北伐，鞠躬尽瘁，行文恳切忠贞，壮烈感人。陆游以这两个典故表达了他扬威边地、舍我其谁的决心，以及恢复中原、报效朝廷的志向。

然而奸佞主降，小人作梗，世事艰难，陆游回想着他早年亲临的东南瓜洲渡（今江苏省扬州市瓜洲镇）和西北大散关（今陕西省宝鸡市西南），并在这一水一陆两处战略要地，驾楼船战舰，跨战马驰骋，痛击金兵，捷报频传。而如今他却壮心未遂，只剩一腔郁愤。瓜洲渡、大散关两个地名饱含着陆游浓浓的爱国之心与深深的悲怆之情！

李白惹出的麻烦

黄鹤楼送孟浩然之广陵

［唐］李白

故人西辞黄鹤楼，烟花三月下扬州。

孤帆远影碧空尽，唯见长江天际流。

相对于杜甫诗中的快意人生和陆游诗中的愤懑心情，诗仙李白的这首送别短诗可谓行云流水，雄壮开阔。不过，诗中地名背后的典故却惹出了不小的麻烦，这又是怎么回事呢？

黄鹤楼位于湖北省武汉市蛇山西部山巅。相传，三国蜀汉名臣费祎深得诸葛亮的器重，屡次出使孙吴，孙权也很惊异于他的才能。费祎得道成仙后，孙吴所筑的这座瞭望楼因他常常驾鹤来此歇息而得名黄鹤楼。广陵是扬州旧称，唐朝时期扬州有段时间也称广陵郡。黄鹤楼与扬州一水相通，正所谓“唯见长江天际流”。

其实，问题出在了“故人西辞黄鹤楼，烟花三月下扬州”所用的典故。典故来自梁朝殷芸写的《殷芸小说》：“有客相从，各言所志。或愿为扬州刺史，或愿多资财，或愿骑鹤上升。其一人曰：‘腰缠十万贯，骑鹤上扬州。’欲兼三者。”这个故事说的是孙吴的四个哥们儿相聚，各自畅谈理想。一位想去扬州当官，另一位要腰缠万贯，再一位欲驾鹤成仙。轮到第四位了，他语出惊人：“当官、发财、成仙，我三者都要！”

然而，无论孙吴的扬州还是梁朝的扬州，其实治所都在今天的南京市，在长江以南。而唐代的扬州治所才是今天的扬州市，在长江以北。也就是说，《殷芸小说》里的扬州与李白诗歌中的扬州虽同为“扬州”，却根本就不是一个地方。那么这件事情重要吗？当然重要！因为李白的这首诗写得太好了，诗中的意境也太美了，大大提升了“扬州”地名的知名度，推动了扬州的旅游业，比如扬州的旅游节就叫“烟花三月节”。这让六朝的“扬州”，也就是今天的南京难免心生羡慕，甚至感到失落了。

诗中的地名有着怎样的况味，现在你大概了解了一些吧？在形式上，地名可以使诗句修辞典雅，音律抑扬；在内容上，地名可以烘云托月，为诗句创造意境。所以你吟诵《唐诗三百首》时，要多多关注诗中的地名，查查这些地名都在哪里，又联系着怎样的人与事。你一定会收获良多！

唐诗好用地名，唐诗之前的汉赋、魏晋南北朝的骈文，唐诗之后的宋词、元曲、明清小说，又何尝不是如此呢？文学作品对地名的描述也扩大了地名的知名度。读者从张继的《枫桥夜泊》知道了寒山寺，从杜牧的《清明》里发现了杏花村，通过刘禹锡的《金陵五题》了解了朱雀桥、乌衣巷、石头城，因为欧阳修的《醉翁亭记》想去探访琅琊山，通过《西游记》开始好奇花果山、火焰山……

课堂之外

玉门关与阳关

王之涣在《凉州词》中写道："羌笛何须怨杨柳，春风不度玉门关。""春风"真的吹不过玉门关吗？王维在《送元二使安西》中写道："劝君更尽一杯酒，西出阳关无故人。"西出阳关后，真的遇不到"故人"吗？玉门关和阳关究竟具有怎样的象征意义呢？

第四单元

沧海桑田还家园

第13课 尴尬：惹人笑的望文生义

地名课讲到第13课了，如果说前面的课主要说的是地名知识，那从这节课开始，我就要多说说理解地名，甚至探索地名的方法了。研究地名时，如果你能养成“打破砂锅问到底”的习惯，往往会发现奥妙无穷，不仅能够收获良多，还可以避免被人笑话的尴尬情况。

“怎么葡萄也有牙？”

先说个坊间流传甚广的有关外国地名的“笑话”。中国晚清大臣李鸿章曾多次出访国外，但当李鸿章的儿子要被派去担任驻葡萄牙公使时，李鸿章惊讶地问：“怎么葡萄也有牙？”葡萄牙这个译名确实古怪，难怪李大人有此“千古一问”。不过，李大人勇于提问的行为还是值得肯定的，因为勇于提问正是求得真知的途径。

当然，葡萄牙跟葡萄和牙都没有关系。葡萄牙成为独立王国后以“Portugal”命名，意思是温暖的港湾。相传，明朝时，意大利传教士利玛窦将“Portugal”按照北方话翻译为波尔杜葛尔。到了清朝，一位只懂闽南语不懂北方话的官员在编写文献时，将“Portugal”按照闽南语发音翻译为葡萄牙。

盛产葡萄酒的葡萄牙

葡萄里长不出牙，但是葡萄牙盛产葡萄酒。1756年葡萄牙在杜罗河区域为葡萄酒进行产区界定，严格遵循原产地种植及酿造工艺。杜罗河口的波尔图（Porto），是葡萄牙北部最大的商业和文化中心，是葡萄酒和软木的出口港。如今，葡萄牙葡萄酒无论是风格独特的红葡萄酒，还是清新迷人的白葡萄酒，都已被外界广泛接受。

这位官员将两个译名都放进著作中，后来可能由于葡萄牙简短好记，便流传了下来。

无锡，锡山没有锡

很多人都知道江苏省有座城市叫无锡，可你知道无锡是什么意思吗？无锡作为县名最早见于西汉，到了王莽新朝时，改为有锡，东汉再改回无锡。因为这样改来改去，于是有了以唐代茶神陆羽《游惠山寺记》为代表的解释：

山东峰当周秦间，大产铅锡，至汉兴，锡方殚，故创无锡县，属会稽。后汉有樵客，山下得铭，云:“有锡兵，天下争；无锡宁，天下清。有锡沴，天下弊；无锡乂，天下济。”自光武至孝顺之世，锡果竭，顺帝更为无锡县，属吴郡，故东山谓之锡山。

按照陆羽的解释，无锡得名于锡山的锡资源枯竭，这本来是件好事。我们知道，锻造兵器时需要在铜中加入一定比例的锡，这样兵器不仅质地坚硬，而且韧度更好。因此，就有了“有锡兵，天下争；无锡宁，天下清”的说法，“无锡”寄寓了天下和平安宁的美意。只是奇怪的是，你见过先有锡，后无锡，又有锡，再无锡的山吗？所以把无锡说成“锡山无锡”，纯属无稽之谈。

那么无锡到底是什么意思呢？按照古语言学研究的结论，“无锡”属于古越语地名的汉字记音或汉语化，它的确切含义已无从考证。但把“无锡”说成“没有锡”，就仿佛把“葡萄牙”说成“葡萄也有牙”，都是望文生义的笑话。

这样的笑话在我们的生活中并不少见。无锡边上的苏州别名“姑苏”。一些导游会充满诗意地对游客们说:“因为苏州姑娘长得水灵漂亮，所以得了个‘姑’字；繁体的苏写为蘇，上面是草字头，下面是一条鱼加一片禾，象征这里草木茂盛，是鱼米之乡。”真是这样吗？姑苏的真实含义迄今为止仍然没有统一的解释，导游们的理解显然有些望文生义了。

阅读链接

王莽乱改地名

中国历史上有个由王莽篡权建立的、历时仅15年的新朝。新朝为何短命？乱改地名是重要原因之一。相当于现在省级政区的100来个郡国名称，王莽改了70多个。1500多个县的名称，王莽也改了将近一半。

王莽翻来覆去地改，有的郡县名称前后改了四五回。王莽乱改地名，如将长安改成常安，安平改成安宁，潭中改成中潭，这是相同意思改来改去，可视为“没事找事”；广成改平虏，蓟县改伐戎，武要改厌胡，这是涉及边疆民族的改名，属于“没事惹事”；至于无锡改有锡，于离改于合，谷远改谷近，辽阳改辽阴，西安改东宁，那就纯属“闲得没事”了。一般来说，各朝各代更改地名，短期内不能超过3%或4%，王莽竟然改了超过半数，让社会生活陷入极度混乱之中。

义乌和乌鸦的故事

浙江省义乌市因有全球最大的小商品批发市场而名扬世界。义乌本名乌伤，这个名字在秦朝就出现了，到了唐朝被改名为义乌。为什么叫乌伤和义乌呢？说是当地有一位颜回的后代——颜乌。颜回是孔子得意的弟子之一，颜乌则是古今传扬的大孝子。为何颜乌会被称为大孝子呢？据说，颜乌在父亲去世后，哭得死去活来。因为家里一贫如洗，没有工具，他只能以手挖坟，直至挖得双手血肉模糊。颜乌的孝行感动了乌鸦，大群的乌鸦衔来土块儿帮着筑坟，连喙都被磨破了，受伤了。于是，掺和了颜乌和乌鸦的血的泥土堆成了一座紫红色的小坟包，乌伤也因此得名。后来人们又取“乌鸦受伤，民感其义”的美意，改地名为义乌。这是感天动地的中华孝道故事！实际上，就地名得名来说，乌伤也是古越语地名，它的确切含义还有待考证。

不过，也不是所有的古越语地名人们都不知其义。如以“余”字开头的余杭、余姚、余暨等地名，因为东汉古籍《越绝书》中留下了弥足珍贵的一句“越人谓盐曰‘余’”，即汉字记音的古越语读音“余”是“盐”的意思，于是，人们就知道了这些地名的来历都与盐有关。

江南，世界稻作的起源地

水稻是人类最重要的粮食作物之一。考古发现证明，中国的江南地区是世界稻作起源地之一。如在浙江省浦江县上山遗址发现距今8000年以上的栽培稻遗存，在浙江省杭州市萧山区跨湖桥遗址发现距今8000—7000年的栽培稻遗存，在浙江省余姚市河姆渡遗址发现距今7000年的栽培稻遗存。左图是河姆渡遗址出土的炭化稻谷标本。

“那”和稻田

东南地区有大量的古越语地名，虽然后来写成汉字形式，却不能按照汉字“望文生义”。西南、东北、西北的许多地名，情况也是一样。

西南地区有大量以“那”字起头的小地名，如那南、那孝、那坡，这个“那”不是汉语中与“这”相对的“那”，而是古壮语中“稻田”的意思。明确这一点非常重要，因为这涉及学术界已经争论了百余年的亚洲栽培稻是起源于印度、越南还是中国的问题，广西、云南等地的“那”字地名能为解决这个问题提供一些依据。

阅读链接

汉字记音的少数民族语地名

马尔康（四川省阿坝藏族羌族自治州辖县级市），藏语意为兴旺发达之地。包头（内蒙古自治区辖地级市），蒙古语“包克图”的谐音，意为有鹿之地。阿勒泰（新疆维吾尔自治区地区，由伊犁哈萨克自治州管辖），蒙古语里是出金子的地方。珲春（吉林省延边朝鲜族自治州辖县级市），在满语里是边陲的意思。齐齐哈尔（黑龙江省地级市），在达斡尔语中是边境的意思。

“望如驳马”的贺兰山

西北地区的贺兰山，看字面，我也不知做何解释，但翻翻古籍就清楚了。唐朝政治家、地理学家李吉甫在《元和郡县图志》中说：“山有树木青白，望如驳马，北人呼驳为贺兰。”驳是传说中一种毛色斑驳、形似马且能吃虎豹的野兽。明末清初，地理学家顾祖禹在《读史方舆纪要》中说到贺兰山：“盘踞数百里，上多青白草，遥望如骏马，北人呼骏马为贺兰也。”这里的“北人”是指中国古代北方的游牧民族，他们称呼“驳”或“骏马”的读音，汉字记下来就是“贺兰”。

> 有兽焉，其状如马，而白身黑尾，一角，虎牙爪，音如鼓，其名曰驳，是食虎豹，可以御兵。
>
> ——《山海经》

类似这样“不知所云”的少数民族语记

音的地名，其实非常值得深入探讨，因为它们的含义非常丰富。再来看一些汉字译写的少数民族语地名的例子吧：

克拉玛依，在维吾尔语中，“克拉”是黑色的意思，“玛依”是油的意思，合起来就是黑色的油。而克拉玛依油田也正是中华人民共和国成立后勘探、开发的第一个大油田。

汉语中的“山”，藏语称“日”，维吾尔语称“塔格”，蒙古语称“乌拉”，于是有了达才马日、慕士塔格、沙松乌拉。至于人们把慕士塔格称为慕士塔格山，把雅鲁藏布称为雅鲁藏布江，是为了方便理解，如果直译过来，就成了慕士山山、雅鲁江江。这是不是很有意思呢？

课堂之外

中国的少数民族语地名

乌鲁木齐、呼和浩特、西双版纳、哈尔滨、牡丹江，这几个城市名你肯定不陌生，它们虽是汉字，却不能“望文生义”或无法“望文生义”。你知道这几个地名分别是什么意思吗？

第14课 演变：避讳和雅化

在中国地名演变的过程中，有两种情形需要我们知晓：避讳和雅化。如在中国古代，一地的改名易称大多因为汉字的避讳。翻开历代典籍，发现这样的事比比皆是，有的地方甚至因避不同人的讳，还不止一次改名。而地名的雅化是把含义粗俗、文化品位不高的地名更改为较为文雅、文化品位较高的地名。避讳是强制的规定，雅化是柔性的追求。

连累后人的吕不韦

在今天的云南省保山市有个金鸡村，村边有处不韦县城遗址，这不韦县从西汉到梁朝存在了600多年。提到“不韦”，喜欢历史的你必然会想到吕不韦。确实，这不韦县还真与吕不韦有关系。

大权在握的南越国（建都番禺，今广东省广州市）丞相吕嘉是吕不韦的后人，他不愿归顺朝廷，遂兴兵叛乱。汉武帝震怒，出兵十万平叛。当平定南越叛乱的喜讯传来时，汉武帝正在左邑桐乡，便当即将左邑桐乡改名为闻喜（今山西省运城市闻喜县）。而当吕嘉的首级被送到汉武帝面前时，他正在汲县新中乡，遂改新中乡为获嘉县（今河南省新乡市获嘉县）。

两年之后即公元前109年，汉武帝又将吕嘉的子孙宗族远迁至西南边地，并且设不韦县，意在昭彰吕嘉家族的先祖吕不韦的恶行。那吕不韦有哪些恶行呢？他身为大商人，不好好做生意，却扶立身在赵国都城邯郸的秦国质子异人（即后来的秦庄襄王）。他身为秦王嬴政（即后来的秦始皇帝）的相国，不好好治国理政，却钟情于豪奢、显摆、权势、内斗，结果被嬴政免职发配，后服毒自杀。

什么是避讳

说到这里，你大概会觉得奇怪：在第10课，我们讨论了纪念伟人、缅怀先烈，才会以他们的名字命名地名。而汉武帝设不韦县，却是为了昭彰吕不韦的恶行，羞辱吕嘉家族。这是怎么回事呢？其实这涉及了古今观念的不同：古代讲避讳，今天讲纪念。

所谓避讳，其实人们并不陌生。平常人们对长辈、父母、老师等不会也不敢直呼其名，这就是类似避讳的传统。中国古代，避讳就是“为尊者讳，为亲者讳，为贤者讳”，就是尊者、亲者、贤者的有些事情是不能随便写也不能随便说的。他们的名字，尤其是皇帝的名字更是一不准写，二不准说，三不准

阅读链接

皇室成员的取名

因为避讳的传统，中国历史产生了一个有趣的文化现象：皇室成员取名时会有意选择生僻字，如明朝皇帝所用的“炆”“棣”“炽”“樘”“熜”“垕”等字，清朝皇帝所用的“禛”“琰”“旻”“湉”等字。比起唐太宗李世民的“世民”一类常用字，这类字老百姓不常用，也就不容易触犯，这可能也显示了君主们少给社会添麻烦的“仁爱”之心吧！

用。那必须要写、要说、要用时，怎么办呢？就通过避讳的方法，如改字、缺笔、空格，来表达敬意或敬畏。地名作为社会“公共资源”，总是被人说来说去，写来写去，如果触犯了尊者、亲者、贤者的名讳，岂非大不敬？而大不敬的后果，严重时将是杀头之罪。

那些被迫改名的地方和人

因为避讳而改变地名，在中国历史上与皇帝制度相伴始终，从秦朝开始，历时超过2000年。而地名避讳的对象也是五花八门：皇帝与太上皇、太子、太后甚至外戚，这些人的本名，甚至与本名音同或音近的字，都曾在地名避讳的范围内。

汉文帝名刘恒，于是将恒山改为常山，恒水改为常水，恒山郡改为常山郡。为什么要将恒改为常呢？因为这两个字的意思差不多。明光宗名叫朱常洛，于是常州府、常熟县被改为尝州府、尝熟县。隋文帝杨坚的父亲叫杨忠，于是汉中郡被改名为汉川郡，中江县、中丘县改名内江县、内丘县。

因为孔子名丘，为了避讳，所以雍正三年（1725年）诞生了一个新字——邱，用在地名和姓氏上。而原来的那个“丘”，则成了孔子的专用字。这样，原本姓丘的人，哪怕“行不更名”，也无法做到“坐不改姓”，只能被迫改“丘”为“邱”了。

地名避讳往往出于被动情形，接下来要说的地名雅化则大多出于各方人士的主动追求。

闻一多巧改珞珈山

在我的家乡桐城市，许多学子的理想是在武汉大学圆大学梦，问其缘故，常会提及武汉大学樱花大道之美、珞珈山之充满诗意。如果再问珞珈山如何充满诗意，学生大多说不出个所以然。

因为山主姓罗，珞珈山本名罗家山，或也可写成落驾山。关于落驾山地名的传说有三个：一是说春秋时期，楚庄王平定了叛乱，见己方死伤不多，国家元气未伤，于是决定继续出征。重新设置大营，犒赏三军，全军士气大涨，大获全胜。后来，楚庄王设营的这座山就被人们叫作落驾山。另一个是说吴大帝孙权巡视江南，路过此地，天降大雨，只好停下暂避，而他停下避雨的地方也就被称为落驾山。再有一个传说，说是观音菩萨在此留下一件袈裟，所以叫落袈山。至于别名逻迦山，可能是与佛教寺庙有关。这些地名无论来源于何处，在发音上都没有太多变化。

1929年，才华横溢的学者、诗人、武汉大学文学院首任院长闻一多先生在考察罗家山新校址时，面对这座巨岩层现、奇石峭立、人烟稀少的荒山，忽然灵机一动，建议将“罗家山”按照谐音改为“珞珈山”。众人一致叫好。为何好呢？珞，原指一种坚硬的玉石；珈，古代女子佩戴的精美华贵的头饰。珞珈山名可谓“点石成玉”，富有诗情画意，乃至透着一股禅境灵心。时至今日，无数从武汉大学走出来的学子也以自己为“珞珈人”而自豪。写作《七子之歌》的闻一多先生贡献的这个雅化地名，已演变成武汉大学别致的雅称。这就是文化的力量吧！

被雅化的街巷

再回到南京。平日里我喜欢走街串巷，发现了很多有趣的“街名故事”。皮市街，得名于这里曾是皮货摊贩遍布的市场，说着说着就被雅化成评事街了。草鞋街，得名于这里曾是做农副产品生意的地方，往来的大多是习惯穿草鞋的农民，渐渐地就被雅化成彩霞街了。怨声巷，得名于这里旧时地势低洼，雨天变得泥泞不堪，行人怨声载道，后来被雅化成了渊声巷。卖糕桥，得名于桥南原来有家卖糕的小店，后来雅化成了迈皋桥……南京的朋友看到这段，是不是觉得特别有意思？

课堂之外

《七子之歌》

1925 年 3 月，闻一多先生在美国留学期间，创作了《七子之歌》组诗，意在“抒其孤苦亡告，眷怀祖国之哀忱，亦以励国人之奋斗云尔”。“七子”指当时被帝国主义列强掠去的七个地方，你知道是哪七个地方吗？

第15课 见证：沧海与桑田

人们会用“沧海桑田”形容世事变化巨大。其实，沧海变桑田，桑田变沧海，本来就是地理环境变迁的常态。对于这样的变迁，地名往往又是鲜活的见证。

地名和地理

2000多年前的西汉末年，江苏沿海从北到南设有赣榆、朐、海西、盐渎、海陵五个县。海西（今连云港市灌云县东南）因为县城东面就是大海而得名；盐渎（今盐城市），旧时人们在此引海晒盐；海陵（今泰州市）是傍海的高地；朐县（今连云港市西南锦屏山侧）得名于朐山。秦朝在山南置朐县，公元前212年，秦始皇帝明确指出秦朝陆地东界到此为止。1500多年前，朐县移治到今连云港市西南海

① 在沿海地势较低的地方造出晒盐池，将海水引入，或者由人挑着海水一桶一桶地运到晒盐池。

州镇，约百年后，因为濒临大海而得名的海州也移治到这里。

五个县中，赣榆的名字来源是最复杂也是最有趣的。从字面看，“赣榆”意思不明，于是有人望文生义，说古代这里的人既“戆”又“愚”，或说从前这里移植了江西（赣）的榆树。而我觉得，地名无论是约定俗成，还是专门命名，往往没有想象中那么复杂。那我琢磨出来的“赣榆”是什么意思呢？“赣榆”

是古越语的汉字记音，意译过来就是“盐仓”的意思。这里古代临海，成为盐仓不足为奇，这里的命名思路与古代的盐渎、今天的盐城是一样的。

沧海变桑田

以上提及的江苏北部这些2000多年前紧邻大海、带着咸味的地方，今天却距大海蛮远的了。如此明显的海陆变迁，原因何在呢？其实原因并不复杂。从1128年到1855年，黄河侵夺淮河700多年，以淮河的河道为入海口，同时随着长江流域的全面开发，入海江水的含沙量和沉积物越来越多。于是，不仅黄淮河口形成了黄淮三角洲，长江江口从冲刷型的三角湾变成了堆积型的三角洲，而且在沿岸洋流的顶推挟带下，黄、淮、江的大量泥沙沿岸沉积，经年累月，就“堆”出了大约2.5万平方千米的苏北土地（大约是上海市面积的4倍）。

这是自然演变与人文力量共同作用的结果，我们从江苏北部地区诸多的带“海”地名、带“盐”地名的“名不副实”中可以体会到这一变化。

桑田变沧海

海变成田的沧桑，地名可以做证；陆变成水的流转，也不乏

阅读链接

地名真的会“说话”

地名学家山口惠一郎在回答“地名能告诉我们一些什么”时指出：

1.地名能够反映地貌。

2.地名能反映出进行农耕、开辟道路、建立市场、发展经济等状况。

3.地名反映了人们在具体生活的地区所产生的信仰、风俗、习惯等。

4.地名反映了行政官职、土地制度等相关制度和法律。

地名例证。我在第8课中提到，因为高家堰拦蓄淮河之水，洪泽湖横空出世，但未及提到的是，承担着“蓄清刷黄”使命的洪泽湖还是一座高矗地上、随时可能溃决的“悬湖”。

清康熙十九年（1680年），多日暴雨如注，黄河水和淮河水并涨，洪泽湖水势滔天。犹如置于釜底的泗州城（原址在今江苏省宿迁市泗洪县东南、淮安市盱眙县对岸）城内水深数丈，拥有千年历史的泗州城终被彻底淹没。时任泗州知州的莫之翰慨叹道：“甚矣哉！官若浮鸥，民皆抱木而逃，自是城中为具区矣！”“具区”本为“太湖”别称，这里借指洪泽湖水如汪洋般浩瀚。可怜州城已成湖底的泗州，只得寄治盱眙县，后来又迁虹县。1912年，泗州改为泗县，即今安徽省泗县。至于那座保存完整、原汁原味的“泗州”水下古城，时至今日，竟然获得了“东方庞贝城”的“美誉”。这是对泗州古城的祭奠，还是象征这座古城另一种意义的新生？

地名来做证

地名作为证据，可以印证自然与人文的变迁，包括众多的方面。

按照传统的地名命名原则，山南水北称之为“阳”，山北水南称之为“阴”。这是因为我们的国土处在北半球，山南水北是向阳面，反之则为背阴面。中国的阴阳地名绝大部分是符合这条原则的。如咸阳因位于九嵕山之南、渭水之北，山水俱阳而得名，因为“咸”有着全部、都是的意思。

但如果“阴阳地名”与山水位置不相符合，那么其中往往有些特别缘故。如武汉三镇之一的汉阳不在汉水北岸，而在汉水南岸，这是为什么呢？有两种可能性：一是汉阳迁址了，二是汉水改道了。事实是怎样的呢？606年，隋炀帝改汉津县为汉阳县时，这里确在汉水之阳（北）。及至明朝成化初年，汉水改道，汉阳变成了位居汉水之阴（南），只是“汉阳”这个地名依然沿用下来。

汉阳与汉水的相对位置，从名副其实到名不副实的变化，竟为汉水改道提供了确凿证据。

地名，动物追踪器

亚洲象在我国的分布本来非常广泛。今天河南省的简称“豫”，来自先秦古地名“豫州”。《说文解字》中说道：“豫，

> **保护野生亚洲象**
>
> 2022 年 8 月 12 日是第 11 个世界大象日。现在大象种类主要有亚洲象与非洲象两大类，其中只有亚洲象生活在中国。截至 2019 年底，中国的野生亚洲象总数约为 300 头。

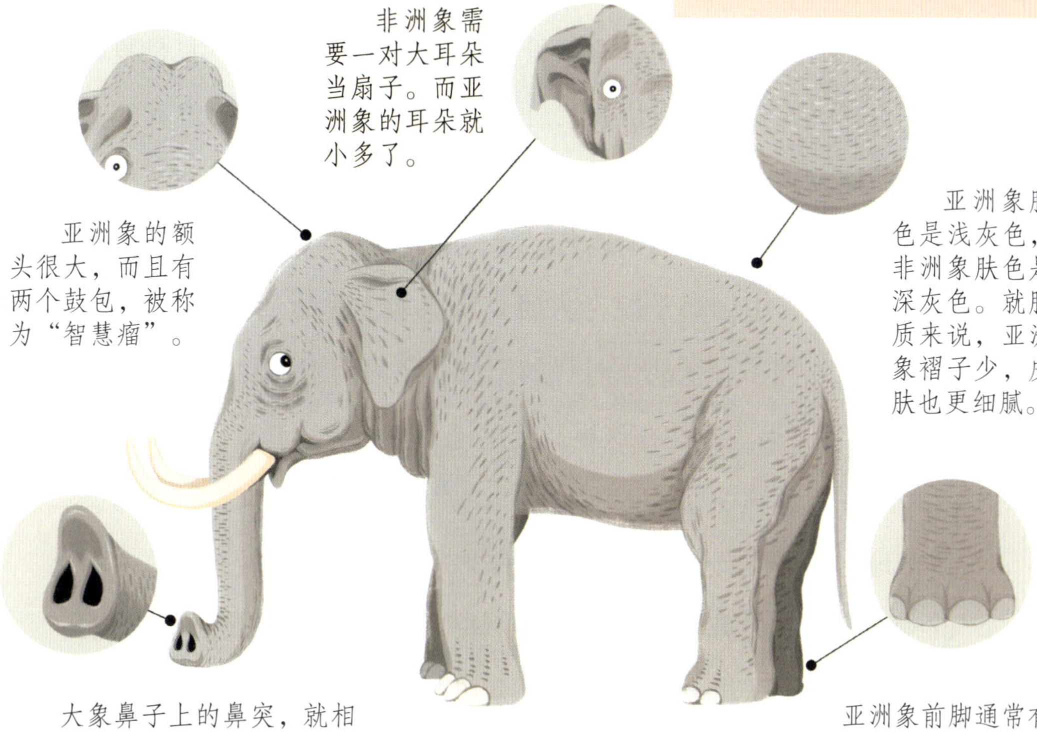

象之大者。”也有认为“豫”是人牵着象的意思。可见，2000多年前河南地区象群数量众多。1000多年前，岭南地区因大象太多，践踏庄稼，于是杀象聚骨，立起镇象塔，以求震慑象群。

而今天，野生亚洲象在我国仅见于云南省南部，且数量十分稀少，这有气候变迁的自然原因，也是人类试图征服自然的恶果。而地名，像追踪器一样，见证了历史上动物的分布与迁徙。

地名，考古大帮手

在中国历史纪年中，有据可查的最早朝代是夏朝。只是夏朝始于4000多年前，太过久远，既没有文字记载，也缺乏直接遗迹，所以夏朝的面貌显得模糊不清。而我国考古学家寻找夏朝的重大突破，竟然源自两个地名。

1959年，中国科学院考古研究所徐旭生先生通过爬梳古籍，把目标聚焦到了春秋战国时代的阳城（今河南省登封市东南告成镇），相传大禹曾经住在这里。经过进一步的实地调查，考古学家又得知在告成镇西1000米有处被当地人称为“王城岗”的地方。这个地名是如此显赫，引起了考古学家的注意。此后，在这一带的考古发现也确实堪称惊人：东西并列的两座城堡遗址，祭奠坑、窖穴、房基、灰坑，玉器、陶器、石器、骨器……而最令人兴奋的是，遗址与遗物的年代距今约4000年，与夏朝早期非常接近，这里就是“禹居阳城”的阳城吗？中国对夏代的考古研究就由此开始了。

课堂之外

这些地名你会读吗？

汉字地名中，保留了不少古音与异读，这是语言文字学研究的很好的材料。最有趣的是我们的邻国“朝鲜”，《东国舆地胜览》记载：“国在东方，先受朝日之光辉，故名朝鲜。”《朝鲜之歌》唱道：“早晨的太阳光芒万道多鲜艳，我们的国家因此起名叫朝鲜。”如此，今读“Cháoxiǎn”的“朝鲜”，本应读作“zhāo xiān”，意为“朝日鲜明之国”。

以下这些地名，你知道该怎么读吗？顺便查一查它们读音的由来吧！

江西省铅（　　）山县

浙江省台（　　）州市

吉林省珲（　　）春市

安徽省六（　　）安市

广东省广州市番（　　）禺区

结课语
地名与地名学

近2000年前，有位叫刘熙的学者专门写了一本解释名称的著作——《释名》。在《释名》的自序中，他说："名之于实，各有义类，百姓日称而不知其所以之意。"这话的意思是：名称是为了表达意思与指代类别的，比如姓名、地名和各种各样的物品名称；这些名称，我们时时在用，处处可见，但大概是太习以为常了，我们反而很少去关心为什么要起这样的名称，这名称到底是什么意思。

也许，我们可以不关心各种各样的名称，只要知道这些名称指的是什么东西，不影响我们的生活就可以了。但有两类名称，我们还是应该做深入一些的了解，一是属于自己的姓名，二是属于大家的地名。

谁没有姓名？姓也许是难以选择的，名却为每个人独自拥有。怎么起个好名，不能说不重要，因为名伴随着人的一生，寄托着起名人的期望和祝福，所以事关重大。

相对于姓名，地名也非常重要。姓名是属于个人的，地名却属于大家；姓名是个人的符号，地名是大地的名片；姓名与地名合在一起，又印制出我们每个人的“身份证”，彰显着“一方水土养一方人”的理念，寄托着我们深深的家国情怀。

我常常感慨：地名凝聚天地精华，延续古今文脉；地名是当地人的脸、外地人的眼；地名是历史记忆、文献资料、文化象征、文明见证，是风俗符号、地域特色、乡愁所系、乡恋所在。我动情于地名背后的情感、人物、故事、观念。我把地名比作一声声的乡音，镌刻着人们的记忆；是一盏盏的明灯，照亮着游子回家的路；像一块块的磁铁，吸引着你、我、他思乡的情。我甚至认为，如果说诗词让人生更美好，那地名就是生活的日常，过日子可以没有诗词，但不能没有地名！

因为地名具有如此广泛的社会意义与学术价值，所以研究地名的学问——地名学，成为近代以来出现的一门交叉学科。地名学以地理学、语言学、历史学为三大支柱。地名学家B.A.茹奇凯维奇在《普通地名学》一书中曾指出：“因为地理名称是遵循一定语言规律而形成的一部分语言词汇，所以地名学被认为是语言学的一部分。然而，这些名称又是地理学的语言，并总是表示具体的区域，反映地理规律和概念，因而地名学也属于地理学。地理名称非常稳定，保持久远，成了独特的历史文献，所以它在一定程度上又属于历史学和史料学。”

那么如何学习地名学呢？建议同学们从身边做起，关注家乡地名的故事；从课本做起，查考课本里地名的来历；从“行路”做起，实践“读万卷书，行万里路，行万里路，读‘无字书’”的学习方法，毕竟，也正如诗人陆游吟诵的那样：“纸上得来终觉浅，绝知此事要躬行。”

我相信，同学们如果能够做到以上三点，那么，无所不在、浩若繁星的地名，不仅真的会“说话”，更能与同学们进行“对话”。我更相信，同学们通过“对话”气象万千、精彩无限的古今地名，会更深情地拥抱自己的家乡，会更积极地学习历史、地理、语文等课程，会更加热爱我们“上下五千年，纵横一万里”的伟大祖国！

课堂之外
答　案

没来过南京的刘禹锡和《乌衣巷》

这是刘禹锡想象中的南京，在文学手法上，这叫“意中虚景”。它既反映了刘禹锡对于南京旧事、故地的了然于胸与心向往之，也凸显了寂寞、沧桑的意象已经成为唐朝文人——无论来过还是没有来过南京——对于六朝古都南京的共同认识。

让人自豪的地名

我先数出一些：瓷都景德镇、锡都个旧、鸢都潍坊，冰城哈尔滨、日光城拉萨、服装城石狮，榨菜之乡涪陵、牡丹之乡菏泽、花炮之乡浏阳。期待同学们的“飞花令”，继续接龙……

桃花源和桃花潭

桃花潭这样的地名，可能不少地方都有。但李白《赠汪伦》诗中的“桃花潭”是有特指的，就在今安徽省宣城市泾县西南约三四十千米的青弋江上游。这里江流清澈，潭水深碧，翠峦倒映，风光秀美。

山的“姓氏”

山边陡立为崖，高起的土坡为岗，山头高而尖为峰，山顶平缓、四周陡峭、山麓平缓为崮。

悬棺之谜

悬棺之谜，至今还是众说纷纭，我也不知确切的答案。所以不少地方开出了50万乃至百万的重金，悬赏破解方案。同学们是否也有心一试呢？

长江的爱称

荆江。楚江。如北宋苏轼诗句“浩荡荆江远，凄凉蜀客悲”，唐人韦应物诗句“楚江微雨里，建业暮钟时”。

猜地名灯谜

琴棋书画都精通：四会。久雨初晴：贵阳。金银铜铁：无锡。夸夸其谈：海口。

王阳明少年立志

广西壮族自治区首府南宁市有阳明洞，贵州省贵阳市有阳明祠，浙江、江西、贵州等省多有阳明路。最有趣的是，台北的草山，因为蒋介石嫌有“落草为寇”之意，于是改名阳明山。还有贵州省的修文县，清朝康熙二十六年（1687年）设置，其名得自王阳明在此提倡修身齐家、传播文化。

四大米市

四大米市有两种说法，一是安徽芜湖、江西九江、江苏无锡、湖南长沙，二是安徽芜湖、江西九江、江苏无锡、湖北沙市（今荆州市沙市区）。十多年前，我为芜湖市区命名路名时，就取义芜湖“米市”以及大米洁白如玉而命名了“积玉路”。

玉门关与阳关

玉门关、阳关，西汉时置，分别位于今甘肃省敦煌市西北70多千米小方盘城、西南近60千米古董滩西。玉门关得名于古代西域玉石皆经此关输入内地，阳关则得名于位居玉门关之南（古代以“南”为“阳”）。汉朝以及此后的不少历史时期，玉门关、阳关为西域边疆与中原内地之间的重要交通门户和丝绸之路的重要关隘，关内、关外也象征着自然景观与人文面貌的明显差异。如此，就有了东汉王朝经营西域的班超“年老思土”，上疏朝廷“但愿生入玉门关”的感人事迹；也有了汉唐时代诸多文学作品中对玉门关、阳关分隔“内”与“外”、“中原”与“边疆”的抒情表志，“春风不度玉门关”“西出阳关无故人”正是这种意义上的例证。

中国的少数民族语地名

按照通常的理解，乌鲁木齐是维吾尔语“优美的牧场”的意思，呼和浩特是蒙古语“青色之城”的意思，西双版纳是傣语“十二个行政区”的意思，哈尔滨是满语“晒网场”的意思。容易引起误解的是“牡丹江”。黑龙江省的牡丹江市，有首差不多等于“市歌”的《牡丹江之歌》，又名《花的城，花的江》。其实牡丹江市并不盛产牡丹花。在满语中，牡丹江本名“穆丹哈达”，“穆丹”意为弯曲，“哈达”意为山岭，合起来就是发源于山岭的弯曲河流。这与雍容华贵的牡丹花，真是风马牛不相及呢。

《七子之歌》

“七子”指被帝国主义列强租借或割占的澳门、香港、台湾、威海卫、广州湾、九龙、旅顺-大连七个地方。在诗人、学者、民主战士闻一多先生1946年遭反动派暗杀前，威海卫（1930年）、台湾省（1945年）、广州湾（1945年）、旅顺口-大连湾（1945年）已经回归祖国的怀抱。1997年7月1日香港（含香港岛、九龙南端、新界）回归，1999年12月20日澳门回归。

这些地名你会读吗?

江西省铅（yán）山县。浙江省台（tāi）州市。吉林省珲（hún）春市。安徽省六（lù）安市。广东省广州市番（pān）禺区。